项目教学、任务引领型教材
职业教育国际商务专业教学用书

国际贸易业务流程

（第三版）

主编 陈志红

华东师范大学出版社
·上海·

图书在版编目（CIP）数据

国际贸易业务流程/陈志红主编. —3 版. —上海：华东师范大学出版社,2023
ISBN 978 - 7 - 5760 - 3760 - 9

Ⅰ.①国…　Ⅱ.①陈…　Ⅲ.①国际贸易－贸易实务
Ⅳ.①F740.4

中国国家版本馆 CIP 数据核字（2023）第 046742 号

国际贸易业务流程
（第三版）

职业教育国际商务专业教学用书

主　　编　陈志红
责任编辑　何　晶
责任校对　时东明　周跃新
装帧设计　庄玉侠

出版发行　华东师范大学出版社
社　　址　上海市中山北路 3663 号　邮编 200062
网　　址　www.ecnupress.com.cn
电　　话　021 - 60821666　行政传真 021 - 62572105
客服电话　021 - 62865537　门市（邮购）电话 021 - 62869887
地　　址　上海市中山北路 3663 号华东师范大学校内先锋路口
网　　店　http://hdsdcbs.tmall.com

印 刷 者　常熟市文化印刷有限公司
开　　本　787 毫米×1092 毫米　1/16
印　　张　10
字　　数　254 千字
版　　次　2023 年 6 月第 3 版
印　　次　2023 年 6 月第 1 次
书　　号　ISBN 978 - 7 - 5760 - 3760 - 9
定　　价　28.00 元

出版人　王　焰

出版说明（第三版）

CHUBANSHUOMING

本书是供职业教育国际商务及相关专业学生了解国际贸易业务流程，培养其具备国际货物买卖合同分析的基本知识和基本职业能力的教学用书。

本书以就业为导向，对外贸单证、报关报检、货运代理和国际物流等专门化业务所涵盖的岗位进行任务与职业能力分析，以实际工作任务为引领，围绕国际货物买卖合同分析等基本业务为课程主线，阐述国际贸易业务流程所涉及的基本知识和基本技能，文字浅显易懂，形式生动活泼，符合职业教育的特点。

本书共分六个项目。为了便于教学，本书设计了以下栏目：

情景导入：以实际工作中遇到的问题为导入，引出相关知识。

豁然开朗：学以致用，解答情景导入中的问题，巩固所学知识。

技能活动：针对教材内容提出相关问题，检验对知识的掌握程度。

知识拓展：补充课外知识，开阔学生视野，激发学生的学习兴趣。

本次修订主要对有关《2020 国际贸易术语解释通则》的内容和其他相关政策变化进行了更新，并结合行业发展趋势进行了修正与完善。

为了方便老师的教学活动，本书还配有习题集，其编排与教材一致，题型丰富，能让学生对所学知识进行巩固与检验，同时也可作为老师的命题参考书。

本书由国际商务专业审稿专家（按姓氏笔画排序）王丁、王肇华、张传伟、张迎冬、唐勤、童宏祥和鞠佳仁审查。

华东师范大学出版社

2023 年 6 月

前　言（第三版）

随着世界贸易全球化的不断深入，我国对外贸易有了突飞猛进的发展，因而了解国际贸易业务流程、熟悉国际贸易业务流程中解读合同条款的相关知识和技能的应用型外贸人才已成为社会急需。为了适应这一需求，我们组织编写了本教材。

国际贸易业务流程是职业教育国际商务专业的一门专业核心课程，也是其他管理类专业普遍开设的课程。本教材是以《2020 国际贸易术语解释通则》、《跟单信用证统一惯例》（UCP600）等为依据，按从事国际贸易业务所应具备的基本知识、基本技能及基本要求，结合当前职教学生的认知能力编写的。

本教材在内容上力求简明扼要、由浅入深、通俗易懂，主要介绍国际贸易特征；国际贸易业务流程；国际贸易单据种类；国际贸易商品归类；国际贸易货物买卖合同结构；商品品质、数量、包装、价格、装运、保险、检验与检疫、索赔与仲裁、支付结算等合同条款的基本内容；合同商订和履行的基本程序等基本知识和基本技能。注重以学生职业生涯发展为本，以任务为引领，突破学科体系，将常用国际贸易基础知识进行整合，明确各项技能活动的学习目标，具有较强的可操作性。本教材各项目按情景导入、豁然开朗、技能活动和知识拓展等结构框架展开。

本教材共分六个项目，项目一由上海市商业学校高级讲师陈志红编写，项目二、六由上海市商业学校高级讲师俞玉荣编写、项目三由上海市商业学校高级讲师韩道宁编写，项目四由上海商学院张喜明副教授编写，项目五由上海市商业学校讲师郁小华编写。全书由陈志红任主编，统稿并定稿。

本次改版修订主要根据《2020 国际贸易术语解释通则》和其他相关政策变化对有关内容进行了更新。参与改版修订的人员有上海市商业学校正高级讲师陈志红（项目一、二、三），上海市商业学校高级讲师付丽娜（项目四）、吴纪周（项目五）、韩道宁（项目六），上海商业会计学校讲师徐文彦（项目三）和上海市贸易学校讲师陈世芬（项目二）。

本教材在编写过程中吸收了一些专家和学者的研究成果，在此表示谢意。

由于水平有限，本教材难免有疏漏和不当之处，敬请读者批评指正。

编　者

2023 年 6 月

目 录

目录

国际贸易业务流程

项目一　初步认识国际贸易

【学习目标】

了解国际贸易特征和业务流程；知道国际贸易单证种类；了解国际贸易商品市场和商品归类；熟悉货物买卖合同结构。

任务一　认识国际贸易业务

　　贸易能使国家经济得以繁荣,使交易双方赢得利益,使消费者需求获得满足。国际贸易因其范围广、对象多,其影响也愈加明显。随着经济贸易全球化的快速发展,我国各企业必将面临更加激烈的国际竞争。因此,在开展国际贸易业务前,熟悉国际贸易的特征,了解国际贸易的业务流程,就显得尤为重要。

活动一　熟悉国际贸易特征

情景导入

　　张刚是一名中等职业学校国际商务专业的应届毕业生。不久前,他收到了上海顺风进出口有限公司的面试通知。初试时,公司人事经理提出了以下问题:假如你是国内某品牌服装的生产商,那么把服装卖给中国杭州客户与把服装卖给韩国釜山客户,这两种贸易性质是否相同? 如果性质不同,两者区别是什么?

一、国际贸易的含义

　　国际贸易(International Trade)是指不同国家或地区之间商品、服务和技术的交换活动,由进口贸易(Import Trade)和出口贸易(Export Trade)两部分组成,也称为进出口贸易。

　　从交易标的来看,长期以来国际贸易主要是指有形贸易(即实物商品交换)。但随着各国经济发展和产业结构的调整,无形贸易(即服务、技术、教育、咨询等非实物商品交换)在国际贸易中的比重也在逐渐增大。其中,实物商品交换是指原料品、半制成品及制成品的买卖;服务交换是指在金融、保险、运输、旅游、邮电等方面为外国人提供服务,或本国技术人员、工人在国外劳动或服务;技术交换包括商标权、专利权、专有技术的转让,以及技术咨询和信息等的提供或接受。

二、国际贸易的主要特征

　　国际贸易与国内贸易相比,两者都是商品、服务和技术的交换活动,均受商品经济规律的影响和制约,目的都是为了取得经济利益。

　　但国际贸易有别于国内贸易,原因在于国际贸易既是交易双方之间的贸易,又是国与国之间的贸易。各国为了保护本国利益,均设有一套独立的关税制度和贸易保护措施,所有合法进出口的商品都必须经过该国海关,接受海关监管并缴纳必要的税费。而国内贸易是发生在一国内部或国民经济范围内的活动,是未越国界的贸易,贸易双方的交易活动均不受关税等的影响。

　　国际贸易与国内贸易相比,其主要特征表现在以下三方面。

1. 国际贸易障碍多

　　(1)市场实地调研障碍多。由于交易双方所处国家和地域不同,要深入开展国际市场的实地调研显然不如国内容易,受时空限制比较大。

（2）交易磋商障碍多。交易双方所处的贸易环境不同,在磋商中将受不同国家政策、法律、经济、技术和文化等多种环境因素的影响,障碍较多。比如:在考虑政策法律因素时,往往要注意当事国或地区的政治稳定性、海关等有关法律制度、主要外贸政策与措施、公共利益集团的发展等重要情况;在考虑经济因素时,往往要注意当事国或地区的人口总数、人口的结构状况、国民收入和个人可支配收入等重要指标;在考虑技术因素时,往往要注意当事国或地区对有关交易商品的技术法规、技术标准和合格评定程序等市场准入条件的主要内容;在考虑文化因素时,往往要注意当事国或地区的语言多义性和习惯用法,对数字、图案、色彩、动物和花卉植物的喜好或忌讳,不同宗教信仰等重要情况。

2. 国际贸易操作复杂

（1）进出口通关手续复杂。在国际贸易中,各国海关法律制度规定,所有进出口货物均要办理进出口通关手续,各国海关对报关进出口货物的种类、品质、规格、包装和商标等都要进行严格审核,合格后才批准放行。而国内商品交易在本国境内进行,不需要办理通关手续。

（2）货款结算复杂。在国际贸易中,交易双方应采用何种货款支付方式,使用何种货币计价,不同货币之间如何兑换等问题的解决涉及各国汇率制度、外汇管理制度和市场汇率变动等因素,货款结算较为复杂,如有疏忽就可能影响交易的实现。

（3）货物运输复杂。国际贸易的运输路程一般比国内贸易远,情况也较为复杂。在办理货物运输时,一要选择运输工具;二要考虑运输合同条款中运费的计算方法、承运人与托运人的责任等规定;三要办理装卸和提货手续;四要办理保险以减少货物运输的损失。

（4）单证复杂。国际贸易中的单证繁多,有信用证（Letter of Credit, L/C）、售货确认书（Sales Confirmation）、提单（Bill of Lading, B/L）、发票（Invoice）、装箱单/重量单（Packing List/Weight Memo）、保险单（Insurance Policy）、产地证（Certificate of Origin）、报关单（Declaration Form）等,比国内商品交易涉及的单证复杂很多。

（5）商检和仲裁复杂。各国商品质量检验标准和贸易争议仲裁的具体规定不同,进行国际贸易时要充分考虑贸易商品以何地的检验证书为准、出现争议时选择何地仲裁机构进行仲裁等系列问题。

3. 国际贸易风险大

国际贸易是越国界贸易,不可控因素多,会遇到各种问题,由此带来的贸易风险也比国内贸易大得多。从企业微观层面上看,主要风险有:

（1）信用风险。进行国际贸易将涉及货、证、船、款等多个领域的当事人,具体包括买方、卖方、经纪人、代理人、船方、承租人、船长或船员、保险公司、银行等,各中间环节出现欺诈等信用缺失行为的可能性加大。

（2）汇率风险。在国际贸易中,交易双方会有一方要用外币进行计价、结算和支付。从订立合同到商品成交期间若汇率变动大,就会给交易某一方带来损失,会出现汇率风险。

（3）运输风险。国际贸易运输由于路线较长,在运输途中遇到自然灾害、战争、运输工具故障等突发性事件的可能性大,货物运输中受损失的风险加大。

三、国际贸易惯例

国际贸易惯例是指在国际贸易实践中被普遍承认和反复运用的一些习惯做法和通例。它是国际组织或者权威机构为了减少贸易争端、规范贸易行为,从长期的贸易实践基础上总结而成的。它不是法律,但其效力相当于法律,具有通用性、稳定性、重复性和准法律性等特征。

目前,国际贸易上通行的主要国际贸易惯例有:规范贸易价格行为的《2020 国际贸易术语解释通则》;规范贸易运输行为的《巴黎规则》《维斯比规则》等;规范贸易保险行为的《伦敦保险协会货物保险条款》;规范贸易支付行为的《跟单信用证统一惯例》(UCP600)、《托收统一规则》(国际商会第 522 号出版物)。

国际贸易惯例是从事国际贸易的人员所必须熟知的重要内容。

豁然开朗

张刚思考片刻回答:

把服装卖给中国杭州客户与把服装卖给韩国釜山客户,这两种贸易性质是不同的。前者属于国内贸易,后者属于国际贸易。

国际贸易与国内贸易相比,虽然两者都是商品和服务的交换活动,均受商品经济规律的影响和制约,都是为了取得经济利益,但国际贸易有别于国内贸易,主要表现在国际贸易障碍多、操作复杂、风险较大。

技能活动

【活动目标】

(1)识记国际贸易含义。

(2)熟悉国际贸易特征。

【活动内容】

王丽爸爸多年来从事国内贸易业务。从中国外贸出口经营权全面开放以来,他一直想拓展国际贸易业务。近期他通过阅读一些调研报告发现:日本市场毛绒玩具供不应求,有较大的利润空间。王丽爸爸认为这是一个机会,但他对国际贸易知之甚少,感到困难重重。假设你是王丽,试查阅有关资料,帮助爸爸解决以下问题。

(1)什么是国际贸易?

国际贸易是指不同的国家或地区之间的_____、_____和_____的交换活动。

(2)分组讨论:向日本出口毛绒玩具在交易磋商中主要应考虑哪些环境因素?

知识拓展

一、国际贸易的分类

1. 按交易标的不同可分为有形贸易与无形贸易

(1)有形贸易(Visible Trade)指有形商品的出口和进口。

(2)无形贸易(Invisible Trade)指无形商品(即劳务)的输出与输入。其中软件技术的商业转让列入无形贸易,而硬件设备的交易则列入有形贸易。

2. 按商品移动方向不同可分为出口贸易、进口贸易和过境贸易

(1)出口贸易(Export Trade)指一国向其他国家输出商品、服务和技术的贸易业务。

（2）进口贸易（Import Trade）指一国从其他国家输入商品、服务和技术的贸易业务。

（3）过境贸易（Transit Trade）指一国进行国际贸易时经过了第三国，这里第三国是指商品过境国家而非消费国家。

3．按支付结算方式不同可分为现汇贸易与易货贸易

（1）现汇贸易（Spot Exchange Trade，自由结汇方式贸易）指用可兑换（Convertible）货币来支付结算的贸易。国际通用的可兑换货币主要有：

美元（USD）	欧元（EUR）	港元（HKD）
英镑（GBP）	日元（JPY）	瑞士法郎（CHF）
加拿大元（CAD）	澳大利亚元（AUD）	

（2）易货贸易（Barter Trade）指以货换货，即货物经过计价后进行交换的贸易。

4．按出口国和进口国在贸易中的关系可分为直接贸易和间接贸易

（1）直接贸易（Direct Trade）是指商品出口国与进口国之间的贸易不通过第三国进行买卖交易的行为。

（2）间接贸易（Indirect Trade）是指商品出口国与进口国通过第三国进行买卖交易的行为。在间接贸易中的出口国称为间接出口国，进口国称为间接进口国，第三国则是转口贸易国。而第三国所从事的贸易为转口贸易（Transit Trade）。

5．按贸易参加国的数量不同可分为双边贸易和多边贸易

（1）双边贸易（Bilateral Trade）是指两个国家之间通过协议在双边结算的基础上进行的贸易。

（2）多边贸易（Multilateral Trade）是指三个或三个以上的国家通过协议在多边结算的基础上进行互有买卖的贸易。

二、贸易差额

贸易差额（Balance of Trade）是指一个国家在一定时期内（通常为一年）出口总额与进口总额之间的差额。

贸易顺差（Trade Surplus）表示一定时期的出口额大于进口额。

贸易逆差（Trade Deficit）表示一定时期的出口额小于进口额。

贸易平衡（Trade Balance）表示一定时期的出口额等于进口额。

一般情况下贸易顺差可以推进经济增长、增加就业，但大额顺差往往会导致贸易纠纷。所以，贸易差额必须控制在合理范围内。

三、对外贸易额

对外贸易额（Value of Foreign Trade）是指一个国家或地区在一定时期内的进口总额与出口总额的总和。该指标的计量单位一般用本国货币表示，也可用国际上习惯使用的货币表示。联合国发布的世界各国对外贸易额是以美元表示的。

四、国际贸易额

国际贸易额（Value of International Trade）是指一定时期内世界各国（地区）出口贸易额的总和。它是用以反映一定时期内世界贸易规模的指标，该指标的计量单位一般用货币金额表示。

五、外贸依存度

外贸依存度是指一定时期内一国对外贸易总额与其国内生产总值的比重,是衡量一个国家或地区国民经济依赖国际贸易程度大小的一个基本指标,可以在一定程度上反映一国经济发展水平以及参与国际经济的程度。计算外贸依存度的方法如下:

$$外贸依存度 = \frac{对外贸易总额}{国内生产总值} \times 100\%$$

近五年,我国外贸依存度平均高于 30% ,在高水平徘徊,表明我国已跻身中等贸易依存度国家行列。这说明我国对外贸易在国民经济中所处的地位非常重要,中国经济与世界经济已经形成了相互依赖的伙伴关系,世界经济对我国经济发展的影响日益明显。

> ☀ **观点集锦**
>
> 1. 要想在国际贸易竞争中求生存、求发展,必须熟悉国际贸易特征,才能降低贸易风险。
> 2. 国际贸易惯例本身不具有强制性,只有被运用到合同中,才具有法律效力。

活动二 初识国际贸易业务流程

> **情景导入**
>
> 张刚在初试时给上海顺风进出口有限公司(以下简称我方)人事经理留下了深刻印象,于是该公司给张刚发来了复试通知。在复试时,公司人事经理问他:"假如你是我方进口部的采购业务员,想从希腊购买一批橄榄油,在采购前要做哪些准备?"

一、国际贸易业务的主要关系人

交易双方在开展国际贸易活动时均要涉及政府部门、商检机构、海关、保险公司、承运人和银行等相关关系人(见图1-1)。在贸易过程中,应及时与各关系人进行有效沟通与协调,

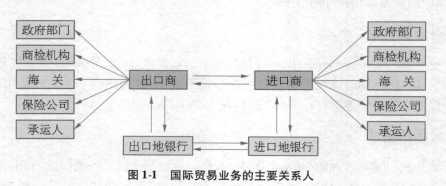

图 1-1 国际贸易业务的主要关系人

国际贸易业务流程

才能顺利实现贸易目标。

政府部门是负责一国不同社会领域管理职能的部门,相关政府部门主管贸易制度与贸易政策的制定,无论是进口贸易还是出口贸易,都要受政府部门的控制。

商检机构对于进出口商而言是商品质量的检验员,经检验不合格的商品或必须检验而未检验的商品均不能进出口。进出口商必须了解商检机构的规定与做法,并积极配合商检机构做好商品检验工作。

海关是任何进出口商品必经的合法通道。进出口商品只有经过海关验单、征税、查验、放行后,才能实现真正的进口或出口,否则即形成走私行为。

保险公司是经营保险业务的经济组织,通过投保可以转移和分散风险。国际贸易运输路线长、不可控因素多、风险大。进出口商与保险公司合作,有利于降低损失。

承运人是保证所运货物按时、安全地送达目的地的责任人。任何一笔国际贸易都离不开承运人,进出口商必须按照运输行业的规则和惯例与承运人合作。

银行是提供存贷款、汇兑和储蓄等业务服务,承担信用中介的金融机构。在国际贸易中,银行不仅为进出口商提供资金融通,传递商业信息,还是货款结算的必要中介。

二、国际贸易业务流程

国际贸易业务环节很多,但无论是出口贸易,还是进口贸易,就其基本业务流程而言,均可概括为四个阶段:交易准备阶段;合同磋商和订立阶段;合同履行阶段;善后处理阶段。

1. 交易准备阶段

交易准备阶段是国际贸易业务流程的开端,该阶段的主要工作是申请办理进出口许可证(对进出口商品实行进出口许可证制度是许多国家限制商品进出口的重要手段);进行市场调查(即寻找商业机会、调研客户资信、选择贸易伙伴和了解相关贸易政策);开展广告宣传;拟订经营方案(即制定出口商品的营销计划、供应计划和生产计划或进口采购计划)等。

2. 合同磋商和订立阶段

合同磋商和订立阶段是通过当面洽谈或函电联系等方式,与国外客户就交易条件进行商谈,最终达成一致意见并签订合同的阶段,该阶段一般由询盘、发盘、还盘和接受四环节组成。

3. 合同履行阶段

合同履行阶段是国际贸易业务的实质阶段,是进口商支付货款收取货物和出口商交付货物收取货款的全过程。

4. 善后处理阶段

善后处理阶段是妥善处理国际贸易进出口余留问题的阶段,一般包括收汇或付汇、出口退税、争议解决和拟写善后函等业务内容。

由于进口贸易和出口贸易的货物流向不同,其一般业务流程也有所不同,详见图1-2"出口贸易业务流程图"和图1-3"进口贸易业务流程图"。

图 1-2　出口贸易业务流程图　　　　图 1-3　进口贸易业务流程图

张刚想了想,回答如下:

从希腊进口橄榄油主要应做的准备工作有:

一是对希腊橄榄油市场的生产、质量、价格和希腊政府对外贸易政策等总体情况进行调研,选择合适供应商,并摸清该供应商的资信、商业道德、经营能力和履约情况。

二是填制进口许可证申请表,连同有关单据,向发证部门申领进口许可证。

三是根据有关资料和分析结果,制定一套完整的货物进口计划,报相关主管,进行有效沟通,以便展开后阶段工作。

技能活动

【活动目标】

(1)了解进出口贸易过程中涉及的相关关系人。

(2)熟悉出口贸易业务流程。

【活动内容】

假如你是茶叶出口商,现要将一批"杭州龙井"茶叶出口到德国汉堡,试结合上述相关知识,完成以下作业:

(1) 在这一出口业务流程中你将需要与哪些关系人进行沟通协调?

(2) 在出口前应做的准备工作有哪些?

(3) 分组讨论:围绕出口贸易业务流程图简要说说茶叶的出口过程。

知识拓展

一、客户资信调查的主要途径

(1) 通过客户所在地银行进行调查。这是一种常用方法,按国际习惯,调查客户的情况属于银行的业务范围。在我国,一般委托中国银行办理。向银行查询客户资信,一般不收费或少量收费。

(2) 通过国外的工商团体进行调查。如商会、同业公会、贸易协会等,一般都接受委托代国外厂商调查所在地企业情况,但通过这种渠道得来的资信,要经过认真分析,不能轻信。

(3) 通过各种交易展览会(如广州交易会、上海华东交易会等)获得信息。参加交易会效果来得比较快,跟外商面对面谈生意,信息也比较准确。

(4) 通过我国驻外机构获得相关资料,这种信息一般比较可靠,对业务开展有较大的参考价值。

(5) 向客户的主要供应商、目标客户及同业企业调查其资信情况。

(6) 通过谈判或实地外访,观察其业务规模、商品质量、商品价格及置业等情况。

(7) 委托专业资信调查机构进行调查。

此外,外国出版的企业名录、厂商年鉴以及其他有关资料,对了解客户的经营范围和活动情况也有一定的参考价值。

二、出口退税

各国为了鼓励出口,帮助出口商降低成本,往往对出口企业给予优惠政策,如出口退税。出口退税指货物出口以后,国家会把全部或部分已经缴纳的增值税或消费税退回给企业的税收政策。采用出口退税政策,可以使本国商品以不含税的成本进入国际市场,有利于增强出口产品的国际竞争力。

目前在我国拥有工商登记(营业执照)、税务登记、对外贸易经营者备案的外贸企业和生产企业都符合出口退税资格。出口退税原则是:谁出口、谁收汇、谁就负责办理退税。

外贸企业出口退税流程如下:

(1) 申请一般纳税人资格登记;

(2) 办理进出口经营备案;

(3) 办理外币账户;

(4) 办理出口退(免)税备案;

(5) 取得报关单及运输单据;

(6) 确认收入并申报免税收入(按照出口当月第一个工作日的汇率计算确认);

(7) 取得进项增值税专用发票;

（8）收取外汇并通过退税申报系统进行数据申报（首次申报税务要核验经营场地及财务核算情况）；

（9）将纸质材料提交给税务局；

（10）税局审核（中途可能会对供应商进行函调）；

（11）审核通过，等待税款到账。

出口产品类别不同，退税率也不同。退税额的计算公式如下：

$$退税额 = 不含税价格 \times 退税率$$

其中不含税价格即增值税发票上注明的"税前价"。

☀ **观点集锦**

1. 进行国际贸易一定要做到"知己知彼"，才能"百战不殆"。
2. 国际贸易业务具体操作环节多、政策性强，应注意规范要求。

活动三　了解国际贸易单证种类

情景导入

经过初试和复试，张刚被上海顺风进出口有限公司录用。初来上班时，公司安排他到出口业务部报到，此时出口业务部正准备出口一批毛绒玩具到日本大阪。部门经理想考考张刚，便问道：在这笔业务中，公司将涉及许多关系人，经过多个贸易环节，凭什么证明出口货物的质量、价格和数量符合要求？凭什么证明货物是否已出运、已办理保险或已获海关放行？为什么？

一、单证的含义

单证是国际结算中单据、文件与证书的总称，是国际贸易业务中用以处理国际货物的交付、运输、保险、商检、结汇等手续的证明工具。国际贸易合同的履行过程，实际上就是各种单证的缮制和流转过程。

二、单证的重要性

单证是开展国际贸易业务的凭证，是企业获取货款的主要工具，当发生贸易纠纷时，它又是解决争端、处理索赔的法律依据。如货物在运输途中受损，保险单就是索赔凭证。

现代贸易也称单证买卖，单证买卖可减少交易风险，加速资金周转，既方便又可靠。

单证工作是外贸工作的核心，是外贸企业经营管理的关键，单证缮制和传递等工作质量的好坏将直接影响贸易合同的履行。

三、单证的种类

单证种类繁多，按用途不同一般可分为商业单据、运输单据、保险单据、金融单据和其他

国际贸易业务流程

单据。见图1-4。

1. 商业单据

商业单据一般是指出口商（卖方）出具的用以载明所售货物品名、数量、单价、包装等具体情况的单据，主要包括商业发票、装箱单等。

商业发票（Commercial Invoice）（样式见附件一），又称发货单，它是出口商于货物运出时向进口商开立的载有货物品名、数量、价格等内容的货物身份清单，是买卖双方交接货物和结算货款的依据。其主要作用在于：发票是全套单证的中心，是出口商必须提供的主要单据之一，其他单证内容应与发票一致或不矛盾；发票便于进口商核对所列货物及其他事项是否符合买卖合同和信用证规定；发票是进口商凭以收货、支付货款和作为进出口商记账、报关、纳税的依据。

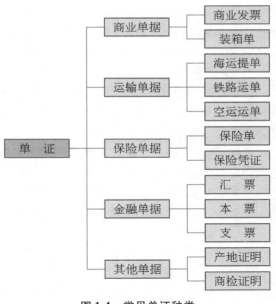

图1-4 常见单证种类

在国际贸易中，发票格式可由出口商自拟，并无统一规定，一般用英文书写，主要内容包括发票号码、合同号码、信用证号码、开票日期、买卖双方的名称和地址、商品名称、规格、数量、单价、金额、包装方法、装运地、目的地、唛头等。

装箱单（Packing List）（样式见附件二），又称包装单、码单，是发票的补充单据，主要载明所售货物的包装细节情况。该单据所列的内容和数据必须与提单等单据的相关内容一致，还要与货物实际情况相符。其主要作用是作为海关验货、公证行核对和进口商提货点数的凭证。一般情况下，装箱单除有合同编号、发票号码外，还包括商品名称、唛头、装箱编号、包装类型、颜色、包装数量、货物数量、重量、体积等内容。

2. 运输单据

在国际贸易实践中，运输方式有多种选择，所以运输单据的种类也很多，如海运提单、空运运单、铁路运单等。由于海运省钱，因此提单通常是指海运提单。海运提单是最重要的运输单据。

海运提单（Bill of Lading）（样式见附件三），简称B/L，是承运人或其代理人根据海运合同签发给托运人，证明海上运输合同的货物由承运人接管或装船，以及承运人保证凭以交货的凭证。海运提单通常由出口企业或委托运输代理制作，在货物装船后由船公司签署后交出口企业，主要作用在于：证明货物已装船，证明运输合同已存在，是买方提货的依据。其主要内容包括海运提单的名称、托运人、收货人、被通知人、提单号码、船名及航次、装货港和卸货港、唛头及件号、货名及件数、重量及体积、运费及正本提单份数、提单日期及签发地点等。

3. 保险单据

在货物运出时，为避免运输风险，降低损失，一般应及时向保险公司投保。保险单据按单据形式可分为保险单和保险凭证等。其中，保险单最为常用。

保险单（Insurance Policy）（样式见附件四），也称大保单，是保险公司在收取保费后向被保人签发的承保证明。保险单是保险合同证明，主要作用在于：在被保险货物遭受损失时，它是索赔和理赔的依据,其主要内容包括保险公司名称、被保险人名称、唛头、包装及数量、保险货物名称、保险金额、保费及费率、装载运输工具、开航日期、承保险别、保险公司代理人、赔偿偿付地点、保单出单日期及地点等。

4. 金融单据

根据国际商会第 522 号出版物《托收统一规则》规定,金融单据是指汇票、本票、支票或其他类似的可用于取得款项支付的凭证。金融单据具有货币性,一般可以转让。在国际贸易结算中,汇票最为常用。

汇票(Bill of Exchange)(样式见附件五),是指出票人签发的,委托付款人在见票时或者在指定日期无条件支付确定的金额给收款人或持票人的票据。主要作用在于:它是出口商向进口商索取款项的依据,同时具有融通资金、反映信用和无条件支付等功能。其主要内容包括出票条款、汇票金额和付款人(又称受票人、汇票的受款人或称抬头人、汇票的出票人等)。

5. 其他单据

除以上单据外,在国际贸易业务办理中还要涉及许多其他单据,如进口货物许可证、出口货物许可证、产地证明书和商检证明等。产地证明书(Certificate of Origin)简称产地证,是指出口国(地区)根据原产地规则和有关要求签发的,用以证明货物生产地或制造地的文件,是出口商品在进口国通关输入和给予出口国配额或实行差别关税的凭证。在我国,产地证由各直属海关或国际贸易促进委员会签发,包括一般原产地证、普惠制原产地证、区域性互惠原产地证等。

普惠制原产地证(Generalized System of Preferences Certificate of Origin)(样式见附件六),又称 G.S.P 证书或 Form A 证书,是按照联合国贸易和发展会议规定的统一格式填制的一种证明货物原产地的文件,是发达国家对发展中国家进口某些货物时给予优惠关税待遇或免税的凭证。主要作用在于:它是进口国海关减免关税的依据。凡享受普惠制规定的关税减免者,必须提供普惠制原产地证明书。一套 Form A 中有一份正本、两份副本,副本仅供寄单参考和留存之用,正本是可以议付的单据。

中国—东盟自贸区优惠原产地证书(Form E,样式见附件七)属于区域性互惠原地证书,与我国签署该证的国家有:泰国、印度尼西亚、马来西亚、菲律宾、新加坡、越南、文莱、柬埔寨、老挝、缅甸。我国出口东盟货物在东盟通关时,凭检验检疫机构签发的中国—东盟自由贸易区原产地证可获得关税减免的优惠待遇。

豁然开朗

　　张刚不慌不忙地答道:"出口毛绒玩具到日本大阪的各个环节中须以各种外贸单证为依据,并凭此来证明出口货物的质量、价格和数量,证明出口货物已出运、已办理保险或已获海关放行等细节情况。因为单证是国际贸易中单据、文件与证书的总称。现代贸易是单证买卖,出口毛绒玩具的交付、运输、保险、商检、结汇和报关等手续必须凭借单证进行。"

技能活动

【活动目标】

(1)熟悉主要单证的中英文名称。

（2）了解主要单证的概念与作用。

【活动内容】

连连看：将单证名称与其对应的英文连线配对。

（1）商业发票　　　　　　（A）Bill of Exchange

（2）海运提单　　　　　　（B）Packing List

（3）保险单　　　　　　　（C）Commercial Invoice

（4）产地证　　　　　　　（D）Bill of Lading

（5）装箱单　　　　　　　（E）Insurance Policy

（6）汇票　　　　　　　　（F）Certificate of Origin

填表题：动手填制"常见单证概念与作用对照表"（参考样式如下）。

常见单证概念与作用对照表

单证名称	概　　　念	作　　　用
商业发票		
装箱单		
保险单		
……		

知识拓展

一、进出口货物许可证

各国为了对进出口货物、物品实行有效管理，大多采用进出口货物许可证制度。它是对进出口贸易进行管理的一种行政保护手段。凡按国家规定应申领进出口货物许可证的商品，报关时都必须交验由对外贸易管理部门签发的进出口货物许可证，并经海关查验合格无误后才能放行。但要注意的是：须向海关交验进出口货物许可证的商品并不固定，国家主管部门会根据需要随时调整公布。

进出口货物许可证由国家机关（商务部主管部门或商务部授权的经贸主管部门）签发，是批准特定企业进出口货物的具有法律效力的证明文件，其中包括品名、数量、规格、成交价格、贸易方式、贸易国别等内容。进出口企业必须严格按照许可证规定的内容进出口特定货物。进出口货物许可证不得买卖、转让和伪造。

二、外贸单证工作的基本要求

单证的质量如何，将关系到出口企业能否迅速收汇、进口企业能否迅速收货。所以，从事单证工作认真缮制单证很重要。

单证缮制不仅内容要与合同或信用证相符，还必须符合有关的商业惯例、法律法规及实际需要。单证工作应做到"四相符"，即单单相符、单证相符、单货相符、单同相符。

不同的单证，其格式不同、填写规范不同，但基本要求是"正确、完整、及时、简明、整洁"。

国际贸易业务流程

其中，"正确"是单证缮制的前提和核心；"完整"是构成单证合法的重要条件，含单证种类完整、单证内容完整、单证份数齐全；"及时"是指出单及时、交单及时。

> ☀ **观点集锦**
>
> 1. 外贸最大的特点就是凭单交易。单证工作是国际贸易实践的核心和关键，应树立"单证第一"的理念，不可随意对待。
> 2. 国际贸易基本单证包括提单、发票、装箱单以及其他说明货物情况的检验证、产地证。
> 3. 不同的单证用途也不同，在操作中应注意区分。

任务二 认识商品市场与贸易合同

商品市场是世界各国交换产品、服务、技术的场所，是由世界范围内通过国际分工联系起来的各个国家或地区之间的市场组成的。了解商品市场的组成，认识国际贸易的商品归类，掌握合同结构，对开展国际贸易业务具有重要意义。

活动一 了解国际贸易商品市场

> **情景导入**
>
> 随着贸易全球化和我国经济的快速发展，中小企业参与国际贸易的程度不断提高，要在竞争激烈的国际市场中获得成功，就必须了解国际贸易商品市场，摸清国际市场需求和明确主要贸易伙伴。当前我国出口产品主要有哪些？我国经常与哪些国家有贸易往来？这些问题近日困扰着张刚。他清楚地认识到，要在公司取得职业上的发展，平时就必须积累相关知识。

一、国际贸易商品分类

国际市场上商品繁多，主要由初级产品和工业制成品组成。初级产品是指没有经工业加工或很少加工的农、林、牧、渔、矿产品等；工业制成品指经过机器完全加工的产品。《联合国国际贸易标准分类》把国际贸易商品分为十大类（见表1-1）。

表1-1 商品分类表

序号	商品名称	商品属性
0	食品及主要供食用的活动物	初级产品
1	饮料及烟类	

序号	商 品 名 称	商 品 属 性
2	燃料以外的非食用粗原料	初级产品
3	矿物燃料、润滑剂和相关材料	
4	动物和植物油、油脂和蜡	
5	未列名的化学品及有关产品	工业制成品
6	主要按原料分类的制成品	
7	机械及运输设备	
8	杂项制品	
9	没有分类的其他商品	

二、我国国际贸易商品市场现状

随着世界经济的迅速增长,我国国际贸易中工业制成品的贸易量持续上升,但仍然存在以下主要矛盾:

第一,我国出口商品产品种类较为单一,仍以劳动密集型为主。

第二,出口产品多数缺乏自主品牌,附加值低,高科技产品少。据统计,"中国出口纺织品服装中加工贸易占了 1/3,多数产品以印牌、贴牌为主,自主产品只占出口的 10% 左右,中国企业只能赚取 10% 的加工费。中国钢铁出口最多的是热轧板,其次是冷轧板、螺纹钢、钢管及钢梁,基本属于附加值较低、能耗较高的长线产品。"此外,核心芯片基本依靠进口,创新能力不足,以至于跨国公司垄断了技术的高端。

第三,贸易摩擦不断增加。近年来,我国因出口产品价格低廉,遭受反倾销的数量显著增加,反映了各国实施地方保护主义对中国商品采取的抵制。据 WTO 的统计,中国已连续多年成为反倾销关税最大对象国。反倾销关税,是指针对倾销产品征收的进口附加税。倾销是指一国产品以低于正常价值的方式挤入另一国市场竞销,从而使该国已建立的某项工业造成重大损失或受到重大威胁的行为。征收反倾销税的目的在于抵制商品倾销,保护本国产品的国内市场。

所以,调整出口产品结构,提高产品附加值,培育自主品牌,增强贸易竞争力,是我国经济发展的当务之急。

三、我国的主要贸易伙伴

目前,我国的主要贸易伙伴排名前五的分别是东盟、欧盟、美国、韩国和日本。

据中国海关总署统计显示,"2022 年前 8 个月,东盟为我国第一大贸易伙伴,我国与东盟贸易总值为 4.09 万亿元,增长 14% ,占我国外贸总值的 15% 。欧盟为我国第二大贸易伙伴,我国与欧盟贸易总值为 3.75 万亿元,增长 9.5% ,占 13.7% 。美国为我国第三大贸易伙伴,中美贸易总值为 3.35 万亿元,增长 10.1% ,占 12.3% 。韩国为我国第四大贸易伙伴,中韩贸易总值为 1.6 万亿元,增长 7.8% ,占 5.9% 。"

通过收集相关资料,张刚了解到:

当前我国出口的产品主要是劳动密集型产品,如纺织品、鞋类、家具、家电、有色金属等;近年来与我国贸易往来最为密切的贸易伙伴主要是欧盟、美国和日本。随着改革开放的不断深入,我国与东盟、韩国、澳大利亚、俄罗斯及香港特区、台湾地区之间的贸易往来逐步增加,并与这些国家和地区建立了良好的贸易发展关系。

技能活动

【活动目标】

会利用搜索引擎等手段,了解国际贸易商品市场。

【活动内容】

以小组为单位,通过上网等手段查阅有关资料,收集你感兴趣的某类商品(如纺织品、钢铁或汽车)在国际市场上的销售现状、发展前景及存在的主要问题等相关信息,完成以下作业:以"××商品在欧美市场的销售现状和发展前景"为专题制作 PPT。

知识拓展

一、出口商品经营方案

1. 出口商品经营方案的含义

出口商品经营方案是出口企业根据市场调查和盈亏核算等资料进行分析而做出的在一定时期内对外推销某种或某类商品的具体安排,是指导企业出口活动的依据,也是对外磋商交易的依据。

2. 出口商品经营方案的主要内容

出口商品经营方案的主要内容包括:货源情况;国外市场情况;各国进口管制情况;经营目标;客户的选择;营销计划;价格、佣金和折扣的运用情况;出口成本及盈亏率的换算;有关政策的执行措施;存在的问题及解决办法等。

二、备案取得进出口经营权的主要材料

在我国,企业从事对外经贸活动,要取得进出口经营权。从 2004 年 7 月 1 日起,进出口经营权的取得采用向经营所在地的外经贸委办理备案登记的方法。企业在备案申报时需要提供的主要材料有:

- 《对外贸易经营者备案登记表》(见表 1-2);
- 营业执照副本;
- 组织机构代码证副本原件;
- 对外贸易经营者为外商投资企业的,应提交外商投资企业批准证书复印件;
- 基本户开户许可证原件(或提供开户行和账号);
- 公司名称的中英文文本;

国际贸易业务流程

- 实际经营地址及注册地址的中英文文本、邮编；
- 提供所有投资人的投资比例或公司章程；
- 法人、股东、操作员身份证复印件、联系电话及公司电子邮箱；
- 海关备案需要预留的公章模板；
- 对外贸易经营者为外商投资企业的，还应提交外商投资企业批准证书复印件；
- 依法办理工商登记的个体工商户（独资经营者），须提交合法公证机构出具的财产公证证明；依法办理工商登记的外国（地区）企业，须提交合法公证机构出具的资金信用证明文件。

备案机关自收到对外贸易经营者提交的上述材料之日起 5 日内办理备案登记手续。

对外贸易经营者凭备案登记 30 日内到当地海关、商检、外汇、税务部门办理相关手续，逾期未办理的，登记表自动失效。

表1-2　对外贸易经营者备案登记表

备案登记表编号：		进出口企业代码：		
经营者中文名称				
经营者英文名称				
组织机构代码		经营者类型 （由备案登记机关填写）		
住　　所				
经营场所（中文）				
经营场所（英文）				
联系电话		联系传真		
邮政编码		电子邮箱		
工商登记 注册日期		工商登记注册号		
依法办理工商登记的外国（地区）企业或个体工商户（独资经营者）还须填写以下内容				
企业法定代表人/个体工商负责人姓名		有效证件号		
企业资产/个人财产				（折美元）
备注：				

填表前请认真阅读背面的条款，并由企业法定代表人或个体工商负责人签字、盖章。

备案登记机关
签章
年　月　日

本对外贸易经营者作如下保证：

一、遵守《中华人民共和国对外贸易法》及其配套法规、规章。

二、遵守与进出口贸易相关的海关、外汇、税务、检验检疫、环保、知识产权等中华人民共和国其他法律、法规、规章。

三、遵守中华人民共和国关于核、生物、化学、导弹等各类敏感物项和技术出口管制法规以及其他相关法律、法规、规章,不从事任何危害国家安全和社会公共利益的活动。

四、不伪造、变造、涂改、出租、出借、转让、出卖《对外贸易经营者备案登记表》。

五、在备案登记表中所填写的信息是完整的、准确的、真实的;所提交的所有材料是完整的、准确的、合法的。

六、《对外贸易经营者备案登记表》上填写的任何事项发生变化之日起,30 日内到原备案登记机关办理《对外贸易经营者备案登记表》的变更手续。

以上如有违反,将承担一切法律责任。

对外贸易经营者签字、盖章

年　月　日

注:1. 备案登记表中"组织机构代码"一栏,由企业、组织和取得组织机构代码的个体工商户填写。

2. 依法办理工商登记的外国(地区)企业,在经营活动中,承担有限/无限责任。依法办理工商登记的个体工商户(独资经营者),在经营活动中,承担无限责任。

3. 工商登记营业执照中,如经营范围不包括进口商品的分销业务,备案登记机关应在备注栏中注明"无进口商品分销业务"。

☀ 观点集锦

1. 了解国际贸易商品市场是寻找商机的基础。
2. 及时关注国际商品市场变化是贸易成功的条件。

活动二　初识国际贸易商品归类

情景导入

张刚在协助办理出口业务时,了解到国际贸易商品类别很多,在出口报关时必须清楚出口商品的海关归类,一旦归类不合理,将直接影响公司应纳税费,进而影响公司利润。各国对不同商品的归类政策存在差异。那么,如何在贸易中快速区分不同种类的商品?是否有统一又科学的商品归类方法?张刚急于了解这方面的相关知识。

一、《商品名称及编码协调制度》

《商品名称及编码协调制度》(Harmonized System)简称《协调制度》或 HS,是参照国际上主要国家的税则、统计、运输等分类目录而制定的多功能、多用途国际贸易商品分类目录,是目前国际上应用最为广泛的国际贸易商品分类目录,它以国际公约进行约束管理和统一执行。

《协调制度》的宗旨是便于国际贸易的顺利进行;方便统计资料的收集、对比与分析;减少国际贸易往来中因分类制度不同造成重新命名、分类及编码而引起的费用;便于数据传输和贸易单证统一。

我国从 1992 年 1 月 1 日起采用《协调制度》作为我国《进出口税则》和《海关统计商品目

录》的基础目录。为适应国际贸易及商品的发展,世界海关组织(WCO)每四至六年对《协调制度》进行一次较大范围的修改。当《协调制度》发生修改变化,我国会进行对应的更新调整。截至目前,我国海关先后组织开展了1992年版、1996年版、2002年版、2007年版、2012年版、2017年版、2022年版《协调制度》的修订翻译和我国《进出口税则》的更新。

从2022年1月1日起,我国开始实行2022年版《协调制度》。

二、HS 编码的结构与特点

1. HS 编码的结构

HS 编码总体结构包括三大部分:归类规则;类、章、子目注释;商品名称与编码。这三部分是 HS 编码的法律性条文,具有严格的法律效力和严密的逻辑性。其中的归类规则,是用于说明贸易商品按什么规则进行归类的;类、章、子目的注释,是用于严格界定这一商品应该属于哪一类;商品名称与编码是用于区分商品应该是属于哪一子目。主要内容如下:

(1)为了保证国际上对 HS 编码使用和解释的一致性,使每种商品有唯一一个编码与之对应,HS 编码首先列明6条归类总规则,规定了使用 HS 编码对商品进行分类时必须遵守的分类原则和方法。

(2)HS 编码中多数类和章在开头均列有注释(类注释、章注释或子目注释),严格界定了归入该类或该章中的商品范围,阐述 HS 编码中专用术语的定义或区分某些商品的技术标准及界限。

(3)HS 编码采用六位数编码,把全部国际贸易商品分为22类、98章,章下再分为目和子目。商品编码的前两位数代表"章",第三、四位数代表"目",第五、六位数代表"子目"。我国目前使用的 HS 编码为13位,其中前八位为主码,后五位为附加码(第九、十位为海关监管附加编号,第十一、十二和十三位为检验检疫附加编号)。举例如下:

[例1]:未加香料或着色剂的甘蔗原糖,编码为170111,其中"17"在 HS 编码中代表"糖及糖食",为章;"01"在 HS 编码中代表"固体甘蔗糖、甜菜糖及化学纯蔗糖",为目;"11"代表"未加香料或着色剂",为子目。

[例2]"纯米大吟酿清酒",13位商品编码(HS CODE)2206009000104 结构如下:

编　码:2 2　0 6　0 0　9 0　　　0 0　1　0 4
位　数:1 2　3 4　5 6　7 8　　　9 10　11 12 13
　　　　章　品目　子目　本国子目　附加号　检验检疫附加号

2. HS 编码的特点

(1)完整性。HS 编码充分考虑了与贸易有关的各方面需要,是国际上多个商品分类目录协调的产物,具有完整性,是国际贸易商品分类的一种"标准语言"。

(2)通用性。HS 编码于1988年1月1日正式实施,每四年修订一次。世界各国在国际贸易领域中所采用的商品分类和编码体系有史以来第一次得到了统一。目前已有200多个国家使用 HS 编码,全球贸易总额98%以上的货物都是以 HS 编码进行分类的。我国海关自1983年开始研究 HS 编码,并参与了对 HS 编码的制订工作。1987年将 HS 编码译成了中文,并着手对原海关税则目录和海关统计商品目录向 HS 编码的转换工作。1992年1月1日我国海关正式采用 HS 编码。

(3)准确性。HS 编码是政府间公约的附件,国际上有专门的机构(HS 编码委员会)对其进行维护和管理,使 HS 编码能够准确对商品进行归类。

三、商品归类的作用

商品归类工作是一项政策性、专业性、技术性很强的业务工作,涉及国家进出口贸易管制的政策实施和管理。商品归类的正确与否直接关系到国家税收,关系到进出口收发人及报关单位的切身利益,关系到进出口货物能否顺利通关。商品归类不同,其出口退税税率也不同。

豁然开朗

张刚明白了:

不同国家的贸易相关人员,要实现快速辨认交易商品,就需采用统一的商品归类方法。《商品名称及编码协调制度》就是目前世界通用的商品分类制度。这一商品分类语言的基本内容是 HS 编码,进出口商品在报关及申报退、免税时,必须注明商品HS 编码。出口商品归类不同,其出口退税税率也不同。

技能活动

【活动目标】
(1)了解 HS 编码的结构。
(2)了解 HS 编码的特点。
【活动内容】
复习相关知识,完成下列作业:
(1)《商品名称及编码协调制度》简称_____,英文简称_____。
(2)目前世界上使用最广泛的商品分类目录是_____。
(3)HS 编码的结构是_____、_____和_____三个部分。
活动实操:通过百度搜索引擎,输入"HS 编码查询",进入查询界面,对编码为 220110 和编码为 080610 的两种商品进行"章、目、子目"的描述。

知识拓展

海关通关系统商品归类目录

第一类　活动物;动物产品

第二类　植物产品

第三类　动、植物油、脂及其分解产品;精制的食用油脂;动、植物蜡

第四类　食品;饮料、酒及醋;烟草、烟草及烟草代用品的制品;非经燃烧吸用的产品,不论是否含有尼古丁;其他供人体摄入尼古丁的含尼古丁的产品

第五类　矿产品

第六类　化学工业及其相关工业的产品

第七类　塑料及其制品;橡胶及其制品

第八类　生皮、皮革、毛皮及其制品;鞍具及挽具;旅行用品、手提包及类似品;动物肠线(蚕胶丝除外)制品

第九类　木及木制品;木炭;软木及软木制品;稻草、秸秆、针茅或其他编结材料制品;篮

筐及柳条编结品

第十类　木浆及其他纤维状纤维素浆;回收(废碎)纸或纸板;纸、纸板及其制品

第十一类　纺织原料及纺织制品

第十二类　鞋、帽、伞、杖、鞭及其零件;已加工的羽毛及其制品;人造花;人发制品

第十三类　石料、石膏、水泥、石棉、云母及类似材料的制品;陶瓷产品;玻璃及其制品

第十四类　天然或养殖珍珠、宝石或半宝石、贵金属、包贵金属及其制品;仿首饰;硬币

第十五类　贱金属及其制品

第十六类　机器、机械器具、电气设备及其零件;录音机及放声机、电视图像、声音的录制和重放设备及其零件、附件

第十七类　车辆、航空器、船舶及有关运输设备

第十八类　光学、照相、电影、计量、检验、医疗或外科用仪器及设备、精密仪器及设备;钟表;乐器;上述物品的零件、附件

第十九类　武器、弹药及其零件、附件

第二十类　杂项制品

第二十一类　艺术品、收藏品及古物

第二十二类　特殊交易品及未分类商品

☀ **观点集锦**

1. 每种商品 HS 编码都是唯一的,商品 HS 编码涉及税收,编码错误往往会给企业带来损失。

2. HS 商品分类是国际贸易业务操作的基础,是世界商品分类的"标准语言"。

3. HS 编码查询是一项复杂的专业工作,也是报关员必须掌握的技能之一。

活动三　了解国际贸易合同结构

情景导入

近日,上海顺风进出口有限公司与荷兰某客户签订了一份出口售货合同,其主要内容如下:

(1) 合同编号 Contract No:HY8806 - D406

(2) 签订地点 Signed at:中国上海

(3) 签订日期 Date: MARCH 28,20×1

(4) 买方 The Buyers:TIVOLY PRODUCTS PLC; BERSTOFSADE ROTTERDAM, THE NETHERLAND

(5) 卖方 The Sellers:上海顺风进出口有限公司,中国上海中山一路 3368 号

(6) 商品名称及规格 Name of Commodity and Specifications:小熊玩具;货号 KB0688

(7) 数量 Quantity:6000 件

国际贸易业务流程

（8）单价 Unit Price：USD2.50/件

（9）目的口岸 Port of Destination：荷兰鹿特丹 Rotterdam　港口代码 NLROT

（10）保险条件 Insurance：按 CIF 成交金额的 110% 投保中国人民保险公司的平安险

（11）合同生效的时间 Term：BEFORE AUGUST 30，20×1

业务主管让张刚说说这些内容分别属于合同结构的哪个部分。张刚想起了在校时老师给的合同结构图。

一、合同与合同形式

合同，也称契约，是当事人双方（或多方）订立的相互间权利义务关系的协议。当今社会是合同社会，任何事情都离不开合同。在西方国家，"契约（合同）即是法律"这一观点早已深入人心，违反合同等于违反了法律。国际贸易也是通过各种合同来实现的。合同起着一定的法律效力，它的每一个条款、每一个字词都很重要，有时候一个字，都有可能埋下争议的隐患，甚至可以让当事人损失惨重。因此，熟悉合同条款是办理国际贸易业务的基础。

合同的形式有口头形式、书面形式、公正形式和鉴证形式等多种，其中书面合同是合同订立的主要形式。在国际贸易实务中，为保证双方当事人的权利和义务，一般应采用书面合同，常用的有合同书和确认书（即销售确认书和购货确认书），有时也可采用协议、备忘录和订单等形式，它们虽然名称不同，但均具有法律效力。合同书内容全面，对双方权利、义务和争议处理等均有详细规定，而确认书内容可以简化，是买卖双方在通过磋商达成交易后，列明交易条件，寄给对方加以确认的书面证明，对买卖双方具有同等的约束力，是有效的法律文件。

 小看板

合同形式的法律规定

《联合国国际货物买卖合同公约》第 11 条、第 12 条规定，买卖合同，包括其更改或终止、要约或承诺，或者其他意思表示，无需以书面订立或书面证明。在形式上也不受其他条件的限制，可以用包括证人在内的任何方式证明。

我国《民法典》第四百六十九条"合同订立形式"规定，当事人订立合同，可以采用书面形式、口头形式或者其他形式。书面形式是合同书、信件、电报、电传、传真等可以有形地表现所载内容的形式。以电子数据交换、电子邮件等方式能够有形地表现所载内容，并可以随时调取查用的数据电文，视为书面形式。

我国《民法典》第四百七十条"合同主要条款与示范文本"规定，合同的内容由当事人约定，一般包括下列条款：（一）当事人的姓名或者名称和住所；（二）标的；（三）数量；（四）质量；（五）价款或者报酬；（六）履行期限、地点和方式；（七）违约责任；（八）解决争议的方法。当事人可以参照各类合同的示范文本订立合同。

我国《民法典》第四百七十一条"合同订立方式"规定，当事人订立合同，可以采取要约、承诺方式或者其他方式。

二、合同结构

随着社会经济发展和交易的复杂化,合同形式变得多种多样,合同内容也越来越丰富。但综观内容繁简不一的合同文本,你会发现各种书面合同具有较为稳定的结构。合同的书面结构一般由约首、正文(合同最重要的部分)、约尾三部分构成(见图1-5)。

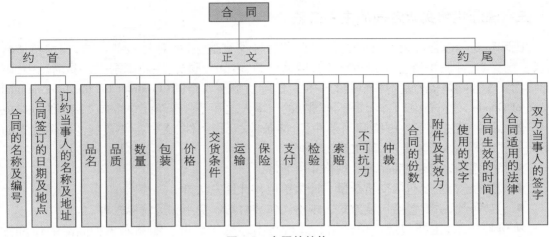

图1-5　合同的结构

1. 约首

约首即合同的首部,是合同的开头或序言部分。约首主要是对合同当事人和合同本身作出说明,通常包括合同的名称及编号、合同签订的日期及地点、订约当事人的名称及地址等。

在合同首部中应注意下列细节:

(1)合同各方的名称第一次出现时应写全称(应与商业登记文件上的名称一致)并填写准确;

(2)要写明签约日期和地点,这些内容对诉讼管辖、适用法律都可能有很大影响。

2. 正文

正文是合同的主体部分,又称合同的主要条款。具体列明交易的各项条件,规定双方的权利和义务。正文部分一般包括下列合同条款:品名、品质、数量、包装、价格、交货条件、运输、保险、支付、检验、索赔、不可抗力、仲裁等。

3. 约尾

约尾即合同的尾部,主要说明合同的份数、附件及其效力、使用的文字、合同生效的时间、合同适用的法律及双方当事人的签字等。

在合同尾部中应注意的细节主要有:

(1)我国国际货物买卖合同一般用中、英文书写,而且订明具有同样的效力;但最好进一步规定,如果两种文字在解释上发生争议,则以中文为准。因为合同文字效力直接关系到合同的理解、合同的履行及合同争议的解决,不可掉以轻心。

(2)国际货物买卖合同的成立要以合同双方签字或盖章为准,因此,合同尾部中双方的签字或盖章也非常重要。签字或盖章处反映的当事人名称应与约首保持一致。

张刚回答道：

该合同的结构有三部分,分别是合同的约首、正文和约尾。本合同相关内容中,(1)至(5)为约首部分;(6)至(10)为正文部分;(11)为约尾部分。

三、国际货物买卖合同的主要条款

国际贸易是以合同为中心进行的。合同的种类有很多,如对外服务合同、技术转让合同、货物买卖合同、租赁合同、保险合同、运输合同、借款合同等,在我国国际贸易活动中,国际货物买卖合同是较为基本和重要的一种。国际货物买卖合同(Contract for the International State of Good)又称进出口合同,是不同国家的当事人之间经过磋商订立的有关货物的进口或出口的协议。其主要条款围绕商品条件、价格条件、交货条件、支付条件及其他条件五方面阐明和规定了具体贸易要求,其主要内容有:

- 品质条款,主要包括品名、规格和牌名等。
- 数量条款,主要包括交货数量、计量单位和计量方法等。
- 包装条款,主要包括包装方式、规格、包装材料、费用和运输标志等。
- 价格条款,主要包括单位价格、计价货币、交货地点、贸易术语和商品的作价方法等。
- 装运条款,主要包括装运时间、运输方式、装运地与目的地、装运方式和装运通知等。
- 保险条款,主要包括确定投保人、保险费、投保险别和保险条款名称等。
- 支付条款,主要包括支付手段、支付方式、支付时间和地点等。
- 检验条款,主要包括检验机构、检验权与复验权、检验与复验的时间与地点、检验标准与方法和检验证书等。
- 不可抗力条款,主要包括责任、赔偿等。
- 仲裁条款,主要包括仲裁机构、适用的仲裁程序规则、仲裁地点和裁决效力等。
- 法律适用条款,主要明确合同适用哪国的法律。

技能活动

【活动目标】

(1)认识合同的结构模式。

(2)指出合同约首、正文和约尾。

(3)说出合同正文所含的具体要素。

【活动内容】

活动实操一：阅读下面的售货合同,说说合同的结构,讨论约首、正文和约尾各自包括的要素。

售 货 合 同

SALES CONTRACT

(1)合同编号 Contract No.

（2）签订地点 Signed at

（3）签订日期 Date

（4）买方 The Buyers

（5）卖方 The Sellers

双方同意按下列条款由买方购进卖方售出下列商品：

The Buyers agree to buy and the Sellers agree to sell the following goods on terms and conditions as set forth below：

（6）商品名称、规格及包装 Name of Commodity，Specifications and Packing

（7）数量 Quantity

（8）单价 Unit Price

（9）总值 Total Value

（装运数量允许有　％的增减 Shipment Quantity　％ more or less allowed）

（10）装运期限 Time of Shipment

（11）装运口岸 Port of Loading

（12）目的口岸 Port of Destination

（13）保险 Insurance：由＿＿＿＿＿方负责，按本合同总值110％投保＿＿＿＿＿险。To be covered by the ＿＿＿＿＿ for 110％ of the invoice value against ＿＿＿＿＿.

（14）付款 Payment：凭不可撤销的见票/出票＿＿＿＿＿天期付款信用证，信用证以＿＿＿＿＿为受益人并允许分批装运和转船。该信用证必须在＿＿＿＿＿前开到卖方，信用证的有效期应为上述装船期后第＿＿＿＿＿天，在中国到期。By irrevocable letter of credit in favour of ＿＿＿＿＿ payable at sight/＿＿＿＿＿ days'/sight/date allowing partial shipment and transshipment. The covering Letter of Credit must reach the Sellers before ＿＿＿＿＿ and remain valid in China until the ＿＿＿＿＿ day after the aforesaid time of shipment.

（15）商品检验 Inspection：以中国＿＿＿＿＿所签发的品质/数量/重量/包装/卫生检验合格证书作为卖方的交货依据。The Inspection Certificate of Quality/Quantity/Weight/Packing/Sanitation issued by ＿＿＿＿＿ of China shall be regarded as evidence of the Sellers' delivery.

（16）装运唛头 Shipping Marks

（17）其他注明 Other Remark

（18）卖方（Sellers）签字

（19）买方（Buyers）签字

活动实操二：上海华新进出口公司（THE 18TH FLOOR，OIL MANSION，SHANGHAI，CHINA）与加拿大 HPK 公司（202—406 JALAN STREET，TORONTO，CANADA）经过几个回合的交易磋商，就各项交易条件达成共识，概括如下：

货号品名规格	成交数量	单价
HX110 SPORT SUIT	1000PCS	USD20.00/PC
HX120 SPORT SUIT	1000PCS	USD25.00/PC

成交条件：CIF TORONTO

包装条件：纸箱包装，每10件装一个纸箱

交货/装运条件：海运至加拿大多伦多港，最迟装运日期为2021年9月底，不允许分批装运和转运

保险条件：由卖方按 CIF 成交金额的 110% 投保中国人民保险公司海运货物水渍险

付款条件：不可撤销即期信用证

下面是合同的英文版，试根据以上条件在英文合同中填制所缺的内容(1)～(9)项(要求格式清楚、条款明确、内容完整)。

SALES CONTRACT

The Seller：SHANGHAI HUAXIN I/E CO.　　　The Buyer：__(1)__

Address：18TH FLOOR OIL MANSION,　　　　Address：202—406 JALAN STREET,

SHANGHAI, CHINA　　　　　　　　　　　　　　TORONTO, CANADA

Art No	Commodity	Unit	Quantity	Unit Price (USD/PC)	Amount (USD)
HX110 HX120	__(2)__	__(3)__	__(4)__ __(5)__	__(6)__ __(7)__	CIF TORONTO 20000 25000 45000
TOTAL CONTRACT VALUE：SAY US DOLLARS FORTY FIVE THOUSAND ONLY					

PACKING：HX110 SPORT SUIT AND HX120 SPORT SUIT TO BE PACKED IN CARTON, PER 10PCS IN A CARTON, TOTAL：200 CARTONS.

PORT OF LOADING & DESTINATION：FROM __(8)__ TO __(9)__

LATEST DATE OF SHIPMENT：TO BE EFFECTED BEFORE THE END OF SEPTEMBER 2021 WITH PARTIAL SHIPMENT NOT ALLOWED AND TRANSSHIPMENT NOT ALLOWED.

PAYMENT：THE BUYER SHALL OPEN THROUGH A BANK ACCEPTABLE TO THE SELLER AN IRREVOCABLE L/C AT SIGHT TO REACH THE SELLER BEFORE APRIL 10 ,2021 VALID FOR NEGOTIATION IN CHINA UNTIL THE 15TH DAY AFTER THE DATE OF SHIPMENT.

INSURANCE：THE SELLER SHALL COVER INSURANCE AGAINST WPA AND CLASH & BREAKAGE & WAR RISK FOR 110% OF THE TOTAL INVOICE VALUE AS PER THE RELEVANT OCEAN MARINE CARGO OF P. I. C. C. DATED 1/1/1981.

知识拓展

一、国际贸易买卖合同成立的一般要件

(1) 当事人双方应具有法律行为的资格和能力；

(2) 买卖双方在自愿的基础上达成一致；

(3) 合同标的和内容必须合法；

(4) 必须是双务合同(即当事人双方相互享有权利、承担义务的合同)；

(5) 必须具备法定形式。

二、我国限制或禁止进出口的货物和技术

我国《对外贸易法》第十六条规定，国家基于下列原因，可以限制或者禁止有关货物、技

术的进口或者出口：

（一）为维护国家安全、社会公共利益或者公共道德，需要限制或者禁止进口或者出口的；

（二）为保护人的健康或者安全，保护动物、植物的生命或者健康，保护环境，需要限制或者禁止进口或者出口的；

（三）为实施与黄金或者白银进出口有关的措施，需要限制或者禁止进口或者出口的；

（四）国内供应短缺或者为有效保护可能用竭的自然资源，需要限制或者禁止出口的；

（五）输往国家或者地区的市场容量有限，需要限制出口的；

（六）出口经营秩序出现严重混乱，需要限制出口的；

（七）为建立或者加快建立国内特定产业，需要限制进口的；

（八）对任何形式的农业、牧业、渔业产品，有必要限制进口的；

（九）为保障国家国际金融地位和国际收支平衡，需要限制进口的；

（十）依照法律、行政法规的规定，其他需要限制或者禁止进口或者出口的；

（十一）根据我国缔结或者参加的国际条约、协定的规定，其他需要限制或者禁止进口或者出口的。

三、书面合同的表现形式

1. 公证形式

公证形式是依照法律规定，双方当事人约定或由公证机关对合同内容的合法性和真实性加以审查，并予以证明的合同形式。

2. 鉴证形式

鉴证形式是依照法律规定，双方当事人约定或由国家合同管理机关对合同内容的合法性和真实性进行审查，并予以证明的合同形式。

☀ **观点集锦**

1. 合同条款订立应明确、具体、严肃，并同双方洽谈的内容保持一致，力求文字简练，避免使用含糊不清的文字，合同条款之间应协调一致，避免互相矛盾。

2. 书面合同缮制后，我方应及时将其寄给对方签署。寄合同时，我方一般要随合同附上一份简短的书信签约函，信中写明对成交表示愉快。

★★★★★ **项目回顾** ★★★★★

本项目是国际贸易入门概述。主要介绍国际贸易特征、国际贸易业务的进出口流程、国际贸易的常见单据、国际贸易商品市场概况、商品归类方法和合同结构。这些内容是国际贸易业务开展的基础。希望学生在掌握这些知识的同时，能通过电视、报纸、互联网等现代信息手段收集国际贸易相关信息，了解我国的贸易形势，为以后从事这方面工作做准备。

国际贸易业务流程

项目二 解读商品品质、数量与包装

【学习目标】

熟悉商品命名方法;熟悉表示商品品质的主要方法;熟悉质量机动幅度条款;熟悉货物计量单位及计量方法;熟悉数量机动幅度条款;了解运输包装的选择方式和主要内容;能设计唛头。

任务一　解读商品品质与数量

商品品质与数量是货物买卖合同的主要条件,是构成有效合同的必备条款。品质指商品的质量,品质的优劣直接影响到商品的价格和商品在国际市场上的声誉。在签订合同时,不仅要明确规定品质,还应明确买卖货物的具体数量,并注意正确运用不同的计量单位、数量机动幅度的计算方法,这对于买卖双方顺利达成交易、履行合同及今后贸易关系的发展,具有十分重要的意义。

活动一　熟悉商品品质规定

情景导入

去年,上海顺风进出口有限公司向英国出口一批大豆,合同规定大豆水分最高不得超过 14% ,杂质不超过 2.5% 。在成交前我方曾向买方寄过样品,订约后我方又电告买方,确认成交货样与样品相似。但当货物运到英国后,买方提出货物与样品不符,出示检验证书证明货物质量比样品低 7% ,并以此要求我方赔偿 15000 英镑的损失。

我方以合同中并未规定凭样交货,而仅规定了凭规格交货为理由,不同意赔偿。于是英国公司请求中国国际经济贸易仲裁委员会(CIETAC)协助解决此案。我方陈述说,这笔交易在交货时商品是经过挑选的,因是农产品,不可能做到与样品完全一致,但也不至于比样品低 7% 。遗憾的是我方未对样品进行留存,对自己的陈述无法加以证明。最后,中国国际经济贸易仲裁委员会裁定我方应予赔偿。

张刚的部门经理时常将这个案例讲给下属听,案例介绍后,他问张刚:该案例中买卖双方是按什么方法来规定大豆品质的? 我方应从中吸取些什么经验教训?

一、商品品名

商品品名(Trade Name)是对交易商品的描述,是使某种商品区别于其他商品的一种称呼,是买卖双方交接货物的一项基本依据,也是国际货物买卖合同中品质条款的组成部分。

商品的命名,取决于成交商品的品种和特点。在商品命名时要注意明确具体、不含糊,适合商品的特点,并尽量使用国际通用的名称。常用的商品命名方法有多种,具体包括:

(1) 按商品的主要用途命名,如牙膏、沐浴露、自行车等;

(2) 按商品的制作工艺命名,如精制油、手工相册等;

(3) 按商品的主要原材料命名,如羊毛衫、塑料袋、棉布等;

(4) 按商品的主要成分命名,如银耳珍珠霜、草莓冰激凌、高钙牛奶等;

(5) 按商品的外观造型命名,如黑豆、白胡椒、高跟鞋等;

(6) 按人名或地名命名,如绍兴黄酒、乔丹运动鞋等。

二、品质的含义

品质是商品买卖最重要的因素。它是指商品内在质量和外观形态的综合体现,前者如商品的化学成分、物理性能、生物特征、机械性能等自然属性;后者如商品的外形、款式、色泽、味道和透明度等通过感官可以直接获得的商品外形特征。商品品质好坏直接影响到商品的使用,也关系到贸易能否顺利实现。

 小看板

《联合国国际货物销售合同公约》

(俗称"101 条款",以下简称《公约》)对品质的规定

《公约》第 35 条规定,卖方交付货物必须符合合同中的品质规定。同时,在第 46 条中规定,如卖方交货不符合约定的品质条件,买方有权索赔,也可要求交付替代物,甚至拒收货物和撤销合同。

三、品质的表示方法

在国际贸易中,品质约定是买卖双方交接货物的依据,商品品质各种各样,明确品质有利于避免日后双方发生品质纠纷。合同中表示商品品质的方法基本上分为两大类(见表2-1):一是用文字说明表示商品品质;二是以实物表示商品品质。在实际业务中,可根据商品的种类、特性及交易习惯等实际情况单独或混合选用。

1. 用文字说明表示商品品质

用文字说明表示商品品质是指以文字、图表、照片等方式来说明商品的品质,具体包括:

(1)凭规格买卖(Sale by Specification)。商品的规格是一些足以反映商品质量的主要指标,如化学成分、含量、纯度、性能、容量、长短、粗细等。合同中规定以规格来确定商品品质的方法为凭规格买卖。如:中国大米,水分不超过 14% ,碎粒不超过 7% ,杂质不超过 1.5% 。用规格表示商品品质的方法既简单方便,又具体准确,在国际贸易中使用最广泛。

(2)凭标准买卖(Sale by Standard)。商品标准是标准化的商品规格和等级。商品标准一般由标准化组织、政府机构、行业团体、商品交易所等规定并公布,该标准随情况变化需要经常修改,所以当采用标准说明商品品质时,应注明采用标准的版本和年份。有些标准具有约束性和强制性,即不符合标准品质的商品不准进口或出口;有些标准则没有约束性,买卖双方可根据需要决定采用与否。

(3)凭商标或牌名买卖(Sale by Mark or Brand)。商标是能将自己的商品(含服务)与他人的商品(含服务)区别开的可视性标志(包括文字、图形、字母、数字、三维标志和颜色组合,以及上述要素的组合)。商标具有法律内涵,代表着一种排他的使用权。牌名是商品品牌的名称,以便同其他企业的产品区分开来。在国际贸易中,常利用商标或牌名来表示商品的质量,一般只适用于一些品质稳定、国际知名度高、且品种单一的商品。如:可口可乐、大白兔奶糖等。

(4)凭等级买卖(Sale by Grade)。商品等级是指同一类商品按其质量、成分、外观等差异,用文字、数字或符号将商品分为品质优劣各不相同的若干等级。通常用特级(Special Grade)、一级(First Grade)、二级(Second Grade)或大号(Large)、中号(Medium)、小号(Small)等来表示。如:特级乌龙茶、一级苹果等。

(5)凭产地名称买卖(Sale by Name of Origin)。国际贸易中凭产地名称买卖主要局限于受产地等自然条件和传统生产工艺等技术条件影响而形成独特风格和优良品质的商品。对

国际贸易业务流程

这些商品,可用产地名称说明产品的传统工艺或特色风味。如:苏绣、龙口粉丝、吉林人参、东北大米等。

（6）凭说明书和图样买卖（Sale by Description and Illustration）。国际贸易中,有些机械电器、仪表、大型设备、交通工具等技术密集型的产品,由于结构复杂,制作工艺不同,除了要规定其名称、商标牌名、型号外,有时还要附以图样、图片、图纸、性能分析表等来完整说明其具有的质量特征。如:在合同中规定"品质和数据必须与卖方提供的产品说明书严格相符"。

2. 以实物表示商品品质

以实物表示商品品质是指以作为交易对象的商品实际品质或以代表商品品质的样品来表示商品的品质。具体分为看货买卖和凭样品买卖两种。

（1）看货买卖（Sale by Seeing）。看货买卖通常是指由买方或代理人先在卖方的货物存放地验看货物,一旦达成交易,卖方就应按买方验看过的商品交货。这种方法多用于珠宝、首饰、字画及特定工艺品等具有独特性质的商品买卖中。

（2）凭样品买卖（Sale by Sample）。样品一般是指从一批商品中抽出来的或生产部门或使用部门设计加工出来的,足以反映和代表整批商品品质的少量实物。凭样品买卖是指以样品来表示商品品质,并作为交货依据的方法。在国际贸易中,按样品提供者的不同,可分为以下两种:

● 凭卖方样品买卖（Sale by Seller's Sample）

凭卖方样品买卖是指由卖方提供样品作为交货品质依据的方法。需要注意的是卖方交货时所交商品品质,必须与提供的样品相同。实践中,为了降低风险,卖方在向买方送交代表性样品时,应留存一份或数份同样的样品,即复样或称留样,以备将来组织生产、交货或处理质量纠纷时作核对之用。

● 凭买方样品买卖（Sale by Buyer's Sample）

凭买方样品买卖是指买方为了使商品符合自身要求,往往主动提供样品交由卖方依样制作,并在交货时以此作为商品品质依据的方法。实践中,为了防止日后出现贸易纠纷并取得主动,卖方在买方提供样品的情况下,可根据买方样品复制一个相同的样品,并经买方确认。该复制样品称为对等样品或回样或确认样品。

表 2-1 商品品质表示方法

方 法 分 类	具 体 方 法		英 文 表 达
用文字说明表示	凭规格买卖		Sale by Specification
	凭标准买卖		Sale by Standard
	凭商标或牌名买卖		Sale by Mark or Brand
	凭等级买卖		Sale by Grade
	凭产地名称买卖		Sale by Name of Origin
	凭说明书和图样买卖		Sale by Description and Illustration
以实物表示	看货买卖		Sale by Seeing
	凭样品买卖	凭卖方样品买卖	Sale by Seller's Sample
		凭买方样品买卖	Sale by Buyer's Sample

国际贸易业务流程

四、买卖合同中的品质条款

1. 品质条款的基本内容

品质条款是卖方交货和买方验货的商品品质依据,也是海关进行品质检验、仲裁机构进行仲裁和法院解决品质纠纷案件的依据。在实践中,商品品种繁多,不同商品品质差异较大,其买卖合同的品质条款在制定时也繁简不一。在凭文字说明买卖时,品质条款的基本内容主要包括货物的名称、规格、等级、标准、商标、牌号等的具体规定,如:100% 全羊毛恒源祥女式 V 字领羊毛衫。在以图样和说明书表示货物质量时,还应在合同中列明图样、说明书的名称、份数等内容。在凭样品买卖时,品质条款的基本内容主要包括货物的名称、样品编号、样品寄送和确认的日期。

2. 质量机动幅度条款和品质公差

(1)质量机动幅度条款(Quality Latitude)是指对特定质量指标在一定幅度内可以机动。具体方法有规定范围、规定极限和规定上下差异三种。质量机动幅度条款主要适用于初级产品以及某些工业制成品的质量指标。

规定范围是指对某项商品的主要质量指标允许有一定机动的范围。如:草莓酱,草莓含量 26% /30% ;斜纹牛仔布,宽度 40″/42″。

规定极限是指对某些商品的质量规格,规定上下限,包括最大、最小、最高、最低、最多、最少等。如:血糯米碎粒最高 25% ,杂质最多 0.2% ,水分最高 12% 。

规定上下差异是指规定某一具体质量指标的同时,规定必要的上下变化幅度。如:C708 中国灰鸭绒,含绒量 90% ,允许 ±1% 。

(2)品质公差(Quality Tolerance)是指被国际同行业公认的允许货物出现的差异,一般无须在合同中明确规定,如:手表走时的误差等。这种误差被国际行业所公认,即使合同中没有规定,只要卖方交货品质在公差范围内,也不视为违约。若买卖双方存在不同理解,为防止发生贸易纠纷,一般应在合同中具体明确公差内容。

豁然开朗

张刚向部门经理解释如下:

首先,从买卖合同的品质条款来看,我方虽然在合同签约时未规定凭样交货,但在合同签约前曾寄交了样品,在签约后我方又电报确认了货物品质与样品相似。这份电报可理解为:交货与样品相似是合同中品质规格条款的补充。因此,这笔交易是既凭规格又凭样品的买卖。

而我方应吸取的教训主要有两点:一是对国际贸易惯例的理解不够深入。根据国际贸易惯例的通常解释,"凡是既凭规格又凭样品达成的交易,卖方所交货物必须既要符合商品规格的要求,又要与样品一致,否则,买方有权拒绝接受并可提出索赔要求"。二是我方应对样品进行留样,以便解决日后交货时发生的贸易纠纷。

技能活动

【活动目标】

（1）认识商品品质的表示方法。

（2）理解样品含义并能正确运用。

（3）能摘录商品品名和规格。

（4）正确运用质量机动幅度条款。

【活动内容】

连连看：连线选择合适的品质表示方法。

（1）粉丝,产于龙口   （A）凭样品买卖

（2）做工精细的工艺品   （B）凭规格买卖

（3）鸭绒   （C）凭说明书买卖

（4）精密仪器   （D）凭商标买卖

（5）乒乓球,红双喜牌   （E）凭产地名称买卖

判断分析：阅读下面的合同品质条款,找出不正确或不完善的地方,并考虑如何修改和完善。

中国大米(Chinese Rice)	
不完整率(Broken Grains)	12%
杂质(Admixture)	2%
水分(Moisture)	13%

案例分析一：仔细阅读下列盛达进出口有限公司的销售确认书,并摘录商品品名和商品规格。

盛达进出口有限公司

SHENGDA IMP. & EXP. CO., LTD.

NO. 668 ZHONGSHAN RD. MINHANG DISTRICT, SHANGHAI CHINA

TEL(86)21 - 16584887 FAX(86)21 - 16584568

SALES CONFIRMATION

日期 Date：APR. 10,20×1	号码 No.：07JL8077S
买　方：(The Buyers) SHENGSHENG TRADING CORP. 205 BOX, HUSTON U. S. A. Tel No. (001)808 - 4567893	卖　方：(The Sellers) SHENGDA IMP. & EXP. CO., LTD. NO. 668 ZHONGSHAN RD. MINHANG DISTRICT, SHANGHAI CHINA

兹经买卖双方同意按照以下条款由买方购进,卖方售出以下商品:

This contract is made by and between the Buyers and the Sellers; whereby the Buyers agree to buy and the Sellers agree to sell the under-mentioned goods subject to the terms and conditions as stipulated hereinafter:

（1）商品名称:

Name of Commodity：CHINESE GREEN TEA

（2）数量:

Quantity：200KGS OF A0108; 250KGS OF B0208; 120KGS OF C0308

（3）单价:

国际贸易业务流程

Unit price：A0108：USD80/KG；B0208：USD76/KG；C0308：USD70/KG

（4）总值：

Total Value：USD43400.00 CFR HUSTON（Say US Dollars forty-three thousand and four hundred only）

（5）包装：

Packing：Packed in Carton.

（6）生产国别：

Country of Origin：CHINA

（7）支付条款：

Terms of Payment：The buyer shall open through a bank acceptable to the sellers an irrevocable Sight Letter of Credit to the sellers not later than Apr. 30,20×1.

（8）保险：

Insurance：by the buyer's option.

（9）装运期限：

Time of Shipment：Not later than JULY 30,20×1 with partial shipments and transshipment not allowed.

（10）起运港：

Port of Loading：Shanghai China

（11）目的港：

Port of Destination：Huston U. S. A.

买方：（The Buyers）

SHENGSHENG TRADING CORP.
205 BOX，HUSTON U. S. A.

授权签字（Signature）
Jone Smith ARP. 11,20×1

卖方：（The Sellers）

SHENGDA IMP. & EXP. CO. , LTD
NO. 668 ZHONGSHAN RD. MINHANG DISTRICT, SHANGHAI CHINA

授权签字（Signature）
王海波　20×1/04/10

案例分析二：青岛红星贸易公司向日本出口一批红枣。合同及信用证上均写的是三级品，但运货时才发现三级红枣已无库存，于是该出口公司改以二级品交货，并在发票上加注："二级红枣仍按三级计价"。分组讨论：这种以好充次的做法是否妥当？

知识拓展

一、订立品质条款应注意的主要问题

首先，要正确使用表示品质的方法，尽可能避免多种方法一起使用，质量好的可凭牌名或商标成交。

● 凭文字说明成交的，要标明品名、规格、等级、标准、图样说明、牌号、商标或产地等。
● 凭实物样品成交的，要标明样品编号、寄样日期和确认日期。
● 品质规格复杂的商品，除规定按照样品成交外，还应规定商品成交的主要规格。

其次，要注意品质条款的科学性与灵活性。

- 根据商品特性合理使用质量机动幅度条款、品质公差和品质增减价条款。
- 要从产销实际出发，防止品质条件规定偏高或偏低。
- 注意不宜采用诸如"大约""左右""合理误差"等笼统或含糊的字眼，以避免在交货时引起争议。
- 凡能用一种方法表示商品品质的，一般就不宜用两种或两种以上的方法来表示。

二、品质增减价条款

在质量机动幅度和品质公差范围内，交货品质如有上下差异，一般仍按原合同价格计收货款，不另行计算增减价格。但有时货物的某些品质指标发生变动，会给商品质量带来实质性的变化，为体现按质论价，经买卖双方协商同意，也可在合同中订立"品质增减价条款"，即当卖方所交货物品质与合同品质条款的要求出现差异时，对货物价格所做调整的规定。

对价格有重要影响而又允许有一定机动幅度的商品，在订立品质条款时一般可选用品质增减价条款，其订立方法如下：

对在质量机动幅度内的品质差异，可按实际交货品质规定予以增价或减价。对低于合同规定品质的货物进行减价。

☀ 观点集锦

1. 实际业务中，合同上的品质条款应尽量订得明确具体，避免笼统含糊，在规定质量指标时不宜采用诸如"大约""左右""合理误差"等词语。

2. 对于一些受商品特性、生产加工和运输条件限制的商品，如农副产品、矿产品等，品质很难精确化，为避免争议应在合同中加列品质公差或质量机动幅度条款。

活动二　认识货物计量与数量条款

情景导入

上海顺风进出口有限公司向日本出口一批大米，在洽谈时，谈妥出口大米 2000 公吨，每公吨 USD80 FOB 上海吴淞港。但在签合同时，合同上只笼统地写了 2000 吨，我方认为合同上的吨是指公吨，而发货时日方却要求按长吨供货，部门经理请张刚确认以下问题：日商的要求是否合理？我方应如何处理此项纠纷？

一、计量单位

在国际贸易中，由于各国度量衡制度不同，计量单位也有很大的差别。度量衡有公制（基本单位为千克和米）、英制（基本单位为磅和码）、美制（基本单位和英制相同，为磅和码）和国际单位制（基本单位包括千克、米、秒、摩尔、坎德拉、安培和开尔文七种）。我国采用的是以国际单位制为基础的法定计量单位。同时，我国海关规定，进出口货物必须按照《中华人民共和国海关统计商品目录》规定的计量单位统计数（重）量。

《中华人民共和国计量法》对计量单位的规定

《中华人民共和国计量法》对计量单位的规定是"国家采用国际单位制。国际单位制计量单位和国家选定的其他计量单位为国家法定计量单位"。根据商品的品质,需要在特定的度量衡制度下选择不同的计量单位来表示商品的数量。

在国际贸易中常用的计量单位可按重量(Weight)、长度(Length)、数量(Number)、面积(Area)、体积(Volume)和容积(Capacity)等来计算。

表2-2　国际通用计量单位

计量依据	主要适用范围	常 见 单 位
重量单位	天然产品、农副产品和部分工业制成品(如:羊毛、棉花、谷物、矿产品、钢铁等)	千克(kilogram 或 kg)、克(gram 或 gm)、盎司(ounce 或 oz)、公吨(metric ton 或 m/t)、长吨(long ton 或 l/t)、短吨(short ton 或 s/t)、磅(pound 或 lb)
个数单位	杂货类商品和一般制成品(如:文具、纸张、玩具、成衣、车辆、活畜牲、机器零件等)	件(piece 或 pc)、双(pair)、套(set)、打(dozen 或 doz)、卷(roll)、辆(unit)、头(head)、令(ream 或 rm)、袋(bag)和包(bale)
长度单位	纺织品等(如:布匹、电线电缆、绳索等产品)	米(meter 或 m)、厘米(centi-metre 或 cm)、英尺(foot 或 ft)、码(yard 或 yd)
容积单位	谷物类、部分流体、气体物品(如:小麦、玉米、煤油、酒精、啤酒等)	公升(litre 或 l)、加仑(gallon 或 gal)
面积单位	皮制商品、熟料制品等(如:塑料地板、皮革、铁丝网等)	平方米(square meter 或 m^2)、平方英尺(square foot 或 ft^2)、平方码(square yard 或 yd^2)、平方英寸(square inch)
体积单位	化学气体、木材等	立方米(cubic metre 或 m^3)、立方英尺(cubic foot 或 ft^3)、立方码(cubic yard 或 yd^3)、立方英寸(cubic inch)

二、重量计量方法

在国际贸易中,按重量计量的商品很多。根据商业习惯,计算重量的方法有以下几种。

1. 按毛重计算

毛重(Gross Weight)指商品本身的重量和包装物的重量之和。

在实践中常见"以毛作净"(Gross for Net),即把商品毛重当作商品净重,一般适用于价值低的商品。例如:"红豆,每公吨300美元,以毛作净"。

习惯上将包装物的重量称为皮重(Tare Weight)。在采用净重计重时,对于如何计算包装重量,方法有实际皮重、平均皮重、习惯皮重和约定皮重,用平均皮重计量重量的做法已日益普遍。

2. 按净重计算

净重(Net Weight)指商品本身的重量,即毛重减去皮重后的重量。在国际贸易中,根据惯例,如果合同中对重量计算没有其他规定,则商品重量按净重计量。

3. 按公量计算

公量(Conditioned Weight)指用科学方法抽去商品中的实际水分,再加上标准含水量所得的重量。这种方法用于容易吸潮、重量不稳定而经济价值较高的商品,如生丝、羊毛、棉花等。其计算公式有两种:

$$公量 = 商品干净重 × (1 + 公定回潮率)$$

$$公量 = 商品实际重量 × (1 + 公定回潮率)/(1 + 实际回潮率)$$

其中,公定回潮率是指合同规定的某商品应该包含的水分与干净重(即货物在几乎没有水分的情况下的重量)的百分比;实际回潮率指商品中的实际水分与干净重的百分比。

例如:某进出口公司向韩国出口 10 公吨羊毛,公定回潮率为 11%,经抽样证明 10 公吨纯羊毛用科学方法抽干水后净重 8 公吨干羊毛,则按公量计算时,交货重量 = 8 × (1 + 11%) = 8.88(公吨)。

4. 按理论重量计算

理论重量(Theoretical Weight)指从商品规格中推算出来的重量,适用于有固定规格和固定体积的商品,如钢板、马口铁等。

5. 按法定重量计算

法定重量(Legal Weight)指商品加上直接接触商品的包装物料,如销售包装等的重量。多数国家海关法规定,从量计税时,商品的重量以法定重量计算。

豁然开朗

张刚思考后,向部门经理解释道:

日商的要求不合理。因为双方在洽谈时采用的计量单位是公吨,虽然合同签订时计量单位笼统地写为"吨",但作为计量单位的吨又分长吨、短吨、公吨等多种。所以日商单方面提出交货采用长吨计量是不合理的。

处理这种纠纷的方法主要有两种:一是将合同中笼统规定的吨改为公吨,合同价格维持不变;二是按日商的要求把计量单位改为长吨,但合同价格应作调整。

三、合同中的数量条款

1. 数量条款的重要性

商品数量条款也是合同的主要交易条款之一,按约定的数量交付货物是卖方的一项基本义务。因此,正确地确定成交数量,订立数量条款,具有十分重要的意义。

2. 数量条款的基本内容

数量条款主要包括成交商品的数量和计量单位,按重量成交的商品,还要订明计算重量的方法,如按毛重、净重等。有些商品如粮食、化肥等,因受自身特性、自然条件、包装和运输工具等条件的限制,难以准确地按合同规定的数量交货,为便于履行合同,买卖双方往往在合同中还要规定数量机动幅度条款,以允许交货时在合同约定的增减幅度范围内多交或少交一定数量的商品。

 **小看板**

《联合国国际货物销售合同公约》对数量的规定

《公约》第35条规定,卖方必须按合同数量条款的规定如数交付货物。

《公约》第52条规定,如果卖方交货数量大于约定数量,买方可以收取,也可以拒绝多交部分货物的一部分或全部。

《公约》第37条规定,如卖方交货数量小于约定数量,卖方应在规定的交货期届满前补交,但不得使买方承担不合理的开支,即使如此,买方仍保留要求损害赔偿的权利。

3. **数量机动幅度条款**

数量机动幅度是指在买卖合同中规定,卖方实际交货数量可多于或少于买卖双方约定数量的一定幅度。规定数量机动幅度的方法有溢短装条款和约数条款两种。

(1)溢短装条款(More or Less Clause)。溢短装条款是指卖方可以按照合同规定的数量,多装或少装一定的百分比。只要卖方交货数量在约定的增减幅度范围内,买方就不得以交货数量不符为由而拒收货物或提出索赔。主要适用于大宗农副产品、矿产品等数量不能准确把握的商品。

例如:"5000公吨,卖方可溢装或短装5%"(5000 M/T, with 5% more or less at seller's option)。按此规定,卖方实际交货数量最少应装4750 M/T,最多装5250 M/T,在此幅度内,买方均不得提出异议。

溢短装条款也可用增减条款来表示,使用时可在增减的数字前加"±"来表示。如上例中可表示为:"5000公吨±5%"。

(2)约数条款(About or Approximately Clause)。约数条款指买卖双方事先在合同的数量及金额前加"约"字以明确允许增加或减少的数量。但"约"的含义,在国际贸易中有不同解释,容易引起纠纷,所以应谨慎使用。

 小看板

关于约数的规定

《跟单信用证统一惯例600》(简称UCP600)第30条规定:凡"约""近似""大约"或类似意义的词语用于涉及信用证金额或信用证规定的数量或单价时,应解释为允许有关金额、数量或单价可有10%的增减。除非信用证规定货物数量不得增减,只要支取的金额不超过信用证金额,则可有5%的增减幅度。但当信用证规定的数量按包装或个数计数时,此增减幅度不适用。

技能活动

【活动目标】

(1)能理解"以毛作净"。

国际贸易业务流程

（2）能正确运用计量单位。

（3）正确运用数量机动幅度条款。

【活动内容】

连连看：通过连线，为下列货物寻找适合的计量单位。

（1）矿产品	（A）体积
（2）啤酒	（B）重量
（3）塑料地板	（C）长度
（4）电线	（D）面积
（5）木材	（E）容积
（6）车辆	（F）个数

判断分析一：分析下列哪些货物应按惯例采用"以毛作净"方法进行计量。

羊毛 　　 真丝 　　 大米 　　 黄沙 　　 水泥 　　 钢铁 　　 车辆

判断分析二：仔细阅读下面的合同数量条款，找出其不科学和不完善的地方。

中国大米，10000 公吨 　　　　 一级矿砂，20000 吨

判断分析三：有一份买卖合同，若选择用两个数量条款"1000 M/T 5% more or less at seller's option"或"About 1000 M/T"。则：

（1）这两个条款对买卖双方有无区别？

（2）第一种规定情况下，卖方最多可交多少公吨？最少可交多少公吨？

案例分析一：佳佳食品公司按每公吨 5000 美元的价格出售某商品 200 公吨，买卖合同中的数量条款规定"数量允许有 5% more or less at seller's option"。则：

（1）这是什么条款？

（2）卖方最多和最少交多少公吨货物？

（3）如实际装运 205 公吨，买方应付款多少？

案例分析二：上海通达进出口公司与比利时商人订立一份出口水果合同，支付方式为货物验收后付款。但到货后经买方验收后发现水果总重量缺少 10%，而且每个水果的重量也低于合同规定，因此比利时商人拒绝付款，也拒绝提货。后来水果全部腐烂，比利时海关向中方收取仓储费和处理水果费用 8 万美元。我方出口公司陷于被动状态。分组讨论造成此事件的原因是什么。

知识拓展

订立数量条款的注意事项

第一，应明确规定货物的具体数量、计量单位和计量方法，最好采用国际计量单位。

第二，应规定溢短装条款，且注意以下三点：

● 允许溢短装的比例，以订明溢短百分数为妥，大小要适当。

● 要合理规定溢短装的选择权，机动幅度的选择权可以由卖方、买方或船方行使。

● 溢短装部分的计价要公平合理，一般规定是按合同价计算，为了防止享有溢短装选择权的一方故意多装或少装而从中获利，也可在合同中规定溢短装部分按装船时或到货时的市价计算。

任务二 解读商品包装

在国际货物买卖中,包装是货物的重要组成部分,是保护商品在流通过程中品质完好和数量完整的重要措施。包装条款是国际贸易买卖合同中的一项主要条款,一般包括包装材料、包装方式、包装费用和运输标志等内容。如果卖方未按规定条件包装交付货物,或者货物包装与行业习惯不符,或者货物虽然按约定方式包装,但却与其他货物混装在一起,则买方有权拒收部分或全部货物。因此,为明确双方当事人的权利和义务,通常应在合同中对商品包装作出明确具体的规定。

活动一 选择包装方式

情景导入

上海顺风进出口有限公司向日本出口一批大豆,部门经理叫张刚协助业务员完成这笔交易。在操作过程中遇到了下列情形:合同规定交易数量为 10000 M/T,用麻袋装运,但我方在装运中,由于麻袋数量不够,有 1000 M/T 的大豆擅自改用了塑料袋代替麻袋装运。张刚觉得不妥,他在想:我方行为是否构成违约?对方是否有权拒收或据此向我方提出索赔?

一、包装的意义

货物包装是指货物的容器和外部包扎(即包装器材)及包装货物的操作过程(即包装方法),是货物运输、储存和销售环节中不可缺少的必要条件。

货物包装有利于保护产品、提高产品储运效率、指导消费使用、促进产品销售和提升产品附加值。

在国际贸易中,卖方必须按买卖双方合同约定的包装条件进行货物包装,否则视为违约。

二、包装的种类

商品包装种类繁多,常见分类有下列几种:

(1)按包装在流通中的功能分,有运输包装和销售包装;

(2)按包装采用的材料分,有木箱包装、纸质包装、麻布袋包装、塑料包装、金属包装、玻璃与陶瓷包装和复合材料包装等;

(3)按包装形态不同分,有内包装、中包装和外包装;

(4)按运输方式不同分,有铁路货物包装、公路货物包装、船舶货物包装和航空货物包装等;

(5)按被包装商品分,有食品包装、药品包装、液体包装、粉粒包装、危险品包装等;

(6)按包装技术和方法分,有收缩包装、真空包装、充气包装、防潮包装、防锈包装和缓冲包装等;

(7)按包装上和商品上是否注明生产国别分,有中性包装和非中性包装。

三、运输包装

运输包装是指在运输过程中以方便货物运输、装卸、储存和点验为目的而进行的包装,又称大包装或外包装。商品运输时,按外包装方法不同一般分为散装、裸装和包装等形式,其中包装又分为单件包装和集合包装两种形式。

1. 散装、裸装和包装

散装是指商品在运输过程中,不需要也不必要进行包装,而是直接将货物装入运输工具内的包装方式,适用于水泥、石油、煤炭等商品。

裸装是指商品在运输过程中,可以保持原状,能抵抗外界作用,不必包裹只需加以捆扎即可的包装方式,适用于车辆、钢材、木材等自然成件的商品。

包装是指商品在运输过程中,需要外加包裹物,使商品形成包、箱、袋、桶或捆件等形状的包装方式。大多数商品都要经过包装才可运输。

2. 单件包装和集合包装

(1)单件包装。单件包装指货物在运输过程中作为一个计件单位的包装,又可分为:

● 箱(Case)。通常有木箱(Wooden Case)、板条箱(Crate)、纸箱(Carton)、瓦楞纸箱(Corrugated Carton)、镂空箱(Skeleton Case)等。不能紧压的货物通常装入箱内。

● 桶(Drum)。通常有木桶(Wooden Drum)、铁桶(Iron Drum)、塑料桶(Plastic Cask)等。液体、半液体以及粉状、粒状货物,可用桶装。

● 袋(Bag)。通常有麻袋(Gunny Bag)、布袋(Cloth Bag)、纸袋(Paper Bag)、塑料袋(Plastic Bag)等。粉状、颗粒状和块状的农产品及化学原料,常用袋装。

● 包（Bale）。羽毛、羊毛、棉花、生丝等可以压紧的商品可以先经机器打压，压缩体积后，再包裹起来，捆包成件。

此外，还有瓶（Bottle）、罐（Can）、坛（Carboy）、篓（Basket）等包装。

木箱

纸箱

塑料桶

图2-1　单件包装物举例

（2）集合包装。集合包装在当代商品包装运输中占有十分重要的地位，它是20世纪50年代发展起来的新型包装，是现代运输包装的新发展。集合包装指在单件包装的基础上，将若干单件包装的货物组合成一件大包装或装入一个大容器内的包装方式，又称组合包装。常见的有集装箱、集装袋和托盘。

● 集装箱（Container）。有固定规格和足够的承载能力，能周转使用，可以装载一定数量的单件运输包装或一定数量散装货物的专用包装容器。又称"货箱"或"货柜"。

● 集装袋（Flexible Container）。一种大容器的圆形或方形的运输包装袋，由既可折叠又具有一定强度和韧性的涂胶布、树脂布、化纤布等制成，顶部一般装金属吊架或吊环，便于装运。

● 托盘（Pallet）。一种用于机械化装卸、搬运和堆存的，用木材、金属或塑料制成的垫板，下面有插口，便于铲车或叉车通过该插口进行装卸运送或货物堆放等作业。又称"集装盘"。

集装箱

集装袋

托盘

图2-2　集合包装物举例

四、中性包装

为了适应转口销售、打破进口国家的关税和非关税壁垒等国际贸易特殊要求，采用中性包装是国际贸易中的习惯做法。

中性包装（Neutral Packing）是指在商品上和内外包装上均不注明生产国别的包装。中性包装又分为无牌中性包装和定牌中性包装两种。

无牌是指买方要求在出口商品和/或包装上免除任何商标或牌名的做法。定牌是指买

国际贸易业务流程

方要求在出口商品和/或包装上使用买方指定的商标或牌名的做法。

1. 无牌中性包装

无牌中性包装是指商品或包装上既不注明生产国别和厂商名称,也不注明商标或牌名的做法。该包装主要用于一些需要进一步加工的半制成品,如制衣厂购买的用于制作服装的布料等。

2. 定牌中性包装

定牌中性包装是指商品或包装上不注明生产国别和厂商名称,但注明买方指定的商标或牌名的做法。该包装有利于提高商品的售价和扩大商品的销路。但在实际业务中,卖方应注意严格审查买主的经营能力、商业信誉和买方对定牌商标的所有权,并在合同中明确规定"如商标涉及工业产权,应由买方负责"的条款,以免发生贸易纠纷。

五、包装方式的选择

实践中,商品种类繁多,且特性又各不相同,买卖双方为了实现交易目的,保证交易商品完好无损,合理选择商品包装方式十分重要。在国际贸易中,为避免日后发生争议,合同订立时应以商品特性、包装材料性质和包装方式特点等为依据来选择包装方式,并在合同中加以明确。

豁然开朗

张刚在回顾了相关知识后认为:

我方行为已构成违约,对方有权拒收或据此向我方提出索赔。原因在于:按照合同约定的包装要求提交货物,是卖方的主要义务之一。合同明确规定用麻袋包装,但我方却因麻袋数量不够,而改用塑料袋包装,违反了合同所规定的包装条款,故对方有权拒收或向我方提出索赔。在实际工作中,不能以为买方得到的商品品质和数量不变,就可随意改变包装方式。

技能活动

【活动目标】

(1)了解包装种类及其适用性。

(2)能选择合适的包装方式。

(3)了解中性包装。

【活动内容】

判断分析一:从下列合同包装条款中找出其不科学或不完善的地方。

(1)鱼罐头,10000 听,惯常包装;

(2)大米,1000 公吨,麻袋装,溢短装 5%。

判断分析二:为下列货物选择合理的单件包装。

① 食油　　② 羊毛　　③ 土豆　　④ 洗发精　　⑤ 电视机

判断分析三:下列货物适合采用散装、裸装还是包装?

① 石油　　② 轿车　　③ 自行车　　④ 水果糖　　⑤ 钢材

案例分析:英国外商欲购买我方"大力士"牌手电钻,但要求把牌名改为"T&T",并不得注明"中国制造"(Made in China)字样,分组讨论:我方可否接受?应注意哪些问题?

一、包装材料

包装材料(Packaging)指商品包装所使用的原材料,分为纸制包装材料、金属包装材料、木制包装材料、玻璃制品包装材料和陶瓷包装材料等。不同的商品、不同的运输条件,要求采用的包装材料也不同。在选择包装材料时,要考虑的因素有:商品包装的基本要求;进口国对包装材料的特殊要求;商品的运输方式及储存方式;合同的包装约定等。例如:美国规定,为防止植物病虫害的传播,禁止使用稻草作包装材料,如被海关发现,必须当场销毁,并要求支付由此产生的一切费用。

二、销售包装与条形码

1. 销售包装

销售包装(Sales Package)是商品制造出来后用适当的材料或容器所进行的初次包装,又称内包装,是商品进入零售网点,并与消费者或用户直接见面的包装。在销售包装上,一般都需附有装潢画面和文字说明,并印有条形码(见图2-3)。

图 2-3 销售标志与条形码

2. 条形码

条形码(Bar Code)是由宽度不同、反射率不同的条和空,按照一定的编码规则编制成的代码语言。

目前,随着信息科技的发展,多数国家都在商品包装上使用条形码。利用光电扫描阅读设备扫描条形码,计算机就能自动识别条形码信息,迅速准确地确定商品的品名、品种、数量、生产日期、制造厂商、产地、单价等,并进行货款核算,打印出购货清单。有些国家规定某些商品包装上无条形码标志不予进口。

条形码按码制分类,具体包括 EAN 码、UPC 码、39 码、库德巴码。其中,EAN 码是国际物品编码协会制定的一种商品用条码,全世界通用,它有标准版(EAN-13)和缩短版(EAN-8)两种,我们日常购买的商品包装上所印的条码一般就是 EAN 码。UPC 码是由美国统一代码委员会(UCC)制定的一种条码码制,其特性是一种长度固定、连续性的条码,主要在美国和加拿大使用。

条形码按维数分类,具体包括一维条码、二维条码和多维条码。其中,一维条码也称线型条码,是"条"和"空"按照一定编码规则组合的图形,就是我们常见的黑色竖条组成的图形,如 EAN-13;二维条码简称二维码,是用某种特定的几何图形按一定规律在平面二维方向上分布的黑白相间的图形,如 PDF417 条码。

> ☀ **观点集锦**
>
> 1. 包装条款的规定要具体明确,一般不宜采用"惯常包装""适合海洋运输包装"或"适合卖方习惯包装"等笼统含糊的包装术语。
>
> 2. 在国际贸易中,由于各国国情和文化的差异,对商品的包装材料、图案及文字标识等要求不同。

活动二 区分包装标志与设计唛头

情景导入

上海顺风进出口有限公司近日从德国汉堡进口一批玻璃器皿,采用集装箱装运。张刚的业务经理顺口问张刚:货到码头时,我方派人员去接货,将如何从一大批集装箱中认出自己的货物?

一、包装标志

为了便于货物识别、运输、仓储、海关查验和交接,防止错发、错运、错查,在进出口货物的外包装上标明的记号称为包装标志。在实际业务中,运输包装上的标志按用途不同分为运输标志、指示性标志和警告性标志。

1. 运输标志

运输标志(Shipping Mark)又称唛头,是国际货物买卖合同、货运单据中有关货物标志事项的基本内容,一般由一个简单的几何图形以及字母、数字及简单的文字等组成,通常印刷在包装的明显部位。目的是为了方便货物在运输途中有关人员辨认货物及核对单证。

例如:

GHJ-----------------------------------	收货人名称简写
L/C NO CA6628－01------------	信用证号
ROMA-------------------------------	目的港(罗马)
No. 1－100--------------------------	件号(件数共100件)

2. 指示性标志

指示性标志(Indicative Mark)又称注意标志,是根据商品的特性,对一些容易破碎、残损、变质和吸潮的商品,在包装上用醒目文字或图形,标明"小心轻放""防潮湿""此端向上"等在搬运装卸操作和存放保管条件方面所提出的要求和注意事项。

小心轻放　　　　禁用手钩　　　　向上置放　　　　防晒

图2-4 指示性标志举例

3. 警告性标志

警告性标志(Warning Mark)又称危险性标志,是指在装有爆炸品、易燃物品、腐蚀物品、氧化剂和放射性物质等危险货物的运输包装上,用图形或文字表示各种危险品的标志。其作用是警告有关装卸、运输和保管人员在处理货物时应按货物特性采取相应的措施,以保障人身和物资的安全。

| 易爆炸 | 腐蚀品 | 易燃气体 |

图 2-5　警告性标志举例

二、唛头的设计

1. 唛头的内容

唛头的内容一般包括:收货人或发货人的代用简字或代号、目的地名称或代号、件号(表示进口或出口货物件数的标号,即标明本件货物的号码和该批货物的总件数)、合同号、信用证号、重量(毛重、净重、皮重)、体积(长、宽、高)和生产国家或地区等。要求涂刷在运输包装外,内容应简洁明了。

(1)收货人或发货人的表示。由客户指定,通知发货人涂刷在货物包装上,一般以客户的公司名称的字首缩编而成,有时外面以三角形、菱形、四边形等几何图案包围。

例如:涂刷"ABC CO."字样,表示收货人或发货人。

(2)目的地的表示。目的地通常为港口,表明货物最终运抵的地点。在货物需要转运时,则要标明转运地点。

例如:涂刷"NEW YORK"字样,表示"目的港为美国纽约";

涂刷"NEW YORK VIA PANAMA"字样,表示"目的港为美国纽约,经由巴拿马转运",这里巴拿马是转运港。

(3)件号的表示。件号主要用来说明一批货物的总包装件数、本件货物的号码或整批货物与本件货物的关系。

例如:涂刷"NoS1 - 40"字样,表示"该批货物的总件数为 40 件";

涂刷"C/No1 - UP"字样,表示"包装件数在货物实际装运时确定"。

(4)合同号的表示。

例如:涂刷"Contract No. 1234"字样,表示"合同号为 1234";

涂刷"SC1234"字样,表示"售货合同号为 1234"。

(5)信用证号的表示。

例如:涂刷"L/C601200"字样,表示"信用证号为 601200"。

(6)重量的表示。

例如:涂刷"GROSS WEIGHT（G. W）80 kgs"字样,表示"毛重 80 公斤";

涂刷"NET WEIGHT（N. W）50 kgs"字样,表示"净重 50 公斤"。

(7)体积的表示。

例如:涂刷"MEASUREMENT(MEAS) 42 cm ×26 cm ×30 cm",表示"体积为 42 厘米 ×26 厘米 ×30 厘米"。

(8)生产国或地区的表示。产地标志是海关统计和征税的重要依据。一般在商品的内外包装上均注明产地,作为商品说明的一个重要内容。

例如:涂刷"MADE IN CHINA"字样,表示"中国制造";

涂刷"MADE IN SHANGHAI CHINA"字样,表示"中国上海制造"。

国际贸易业务流程

2. 标准化唛头的内容

目前,联合国欧洲经济委员会简化国际贸易程序小组向世界各国推荐的标准化唛头包括以下四项内容:

(1) 收货人或发货人的名称、简称或代号;

(2) 参照号(包括买卖合同号、订号、发票号、运单号、信用证号等);

(3) 目的地或目的港;

(4) 件号及件数。

3. 唛头设计样例

例1:某种货物的运输标志有以下项目:

(1) 客户名称 Name:TE CO.

(2) 客户地址 Address:Boston,U. S. A.

(3) 合同号码 Contract:No. 1234

(4) 输入许可证号 Import Licence:No. USA－1001

(5) 箱数 Package:No. 1－25

(6) 目的地 Destination:Boston,U. S. A.

(7) 净重 Net Weight:400 kgs

(8) 毛重 Gross Weight:450 kgs

(9) 体积 Dimension:L105 cm ×W90 cm ×H62 cm

(10) 出口商 Contractor:Y. C. CO,Shanghai,China

(11) 产地 Certificate:Made in China

按联合国欧洲经济委员会简化国际贸易程序小组的推荐,这种货物的标准化唛头可简化为以下四项主要内容,便可以满足各国海关查核该项货物的需要。

(1) 客户名称 TE.

(2) 目的地 Boston

(3) 合约号码 1234

(4) 箱数 1/25

例2:以下运输标志的表示方法在进行服装、鞋帽和手套等货物的交易时常常出现。

ABCD---------------------------------收货人代号

S/C No GF1234--------------------合同号码

NEW YORK------------------------目的地(目的港)

1/50----------------------------------件号(件数共 50 件)

例3:

ELOK HANSSEN DRULL---------收货人名称

S/C 7011－5657 --------------------售货合同号

L/C NO EFH306686----------------信用证号

NAVY BLUE/WHITE--------------颜色

$\begin{array}{ccccccc} 6 & 8 & 9^{1/2} & 0 & 0 & 6^{1/2} \\ 1 & 2 & 6 & 2 & 2 & 1 \end{array}$ -----------尺码数量的搭配

OSAKA-------------------------------目的地(目的港)

C/NoS1－200-------------------------件号(件数共 200 件)

4. 唛头的规定

按照国际习惯,唛头一般由卖方决定,并无必要在合同中作具体规定。如买方要求,也可在合同中作出相应规定。如买方要求由其自行指定,则应在合同中具体规定唛头指定的最后时限,并订明若到时未收到有关唛头通知时,卖方可自行决定的条款。

豁然开朗

张刚自信地答道:很简单,我方凭唛头便能从一大批集装箱中认出自己的货物。

技能活动

【活动目标】

(1)能识别运输标志、指示性标志和警告性标志。

(2)熟悉唛头的组成内容。

(3)会设计简单的唛头。

【活动内容】

判断分析: 分析以下三个标志分别属于什么包装标志,并讨论三者的区别和各自的作用。

HSAH

LONDON

MADE IN CHINA

GW：250 kgs

NW：230 kgs

MEA：80 cm ×100 cm ×60 cm

NOS：1－250

(1)

(2)

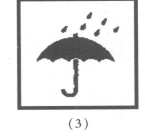

(3)

案例分析: 国内某进出口公司与日本某公司达成一项出口交易,合同指定由我方出唛头,因此,我方在备货时就将唛头刷好。但在货物即将装运时,国外开来的信用证上又指定了唛头。分组讨论:在这种情况下,我方应如何处理?

活动实操一: 根据以下资料,设计一个唛头。

客户名称:ELOH TOMSON

商品名称:滑雪手套

合同号：SG-01Y

成交数量:5000 副

目的港:新加坡

包装条件:每10 副装1 盒,每10 盒装一个出口纸箱

活动实操二: 根据下列资料,计算出商品的总数量和总包装件数,并为其设计运输标志(即唛头)。

COMMODITY：100% COTTON MEN'S SHIRT

PACKING：EACH PIECE IN A POLYBAG, 60 PCS TO A CARTON

PORT OF DESTENATION：NEW YORK

CONTRACT NO：CG1234

国际贸易业务流程

NAME OF THE CONSIGNEE：BOYD COMPANY

DESIGN NO （款式）	QUANTITY （数量）	CARTON NO （件号/箱号）	NOS OF PKGS （件数）
93－13	12600 PCS	（1）	（5）
93－14	12600 PCS	（2）	（6）
93－15	12000 PCS	（3）	（7）
93－16	16800 PCS	（4）	（8）

知识拓展

订立包装条款时应注意的问题

第一，包装方式、包装材料、包装费用、包装标志等包装条款应具体明确，避免使用笼统的字眼表达。

第二，必须注意各国对包装的法律规定及习惯做法。

● 法定检验的商品，列有包装条件和规定的，在签订合同时应按法定检验规定办理，不属于法定检验的商品，其包装条款由双方商定。

● 某些商品的包装容量在国际市场上已约定俗成，则应按进口国的法定容量或习惯容量包装，以免因包装不符合进口国海关规定而不能进入市场。例如：德国对食用液体商品的包装容量规定了5个标准，即210毫升、330毫升、500毫升、700毫升、1升；法国对瓶装酒容量规定了7个标准，即50毫升、100毫升、200毫升、500毫升、750毫升、1升、2升；日本规定瓶装清酒容量为900毫升、1.8升，瓶装威士忌容量为500毫升。

第三，包装费用一般都计入货价之内，不另外计收。但如包装费用较高，需要另外计价收取的，则应在合同中注明包装价格和支付方法。

第四，应根据商品的特点和包装材料等因素，合理选择包装方式。

第五，买卖双方应严格按照包装条款进行交接货。

☀ 观点集锦

1. 运输包装上的各类标志，都必须按有关规定印在运输包装的明显部位。标志的颜色要符合有关规定的要求，防止褪色、脱落，使人一目了然，容易辨认。

2. 我国出口危险品货物的运输包装上，要标有我国和国际上所规定的两套危险品标志。

3. 运输标志规定不要太复杂，在可能的情况下，尽量采用由联合国欧洲经济委员会简化国际贸易程序小组推荐的标准唛头。

★★★★★ 项目回顾 ★★★★★

本项目主要介绍国际贸易买卖合同中商品品名、品质、数量和包装的相关概念和规定。商品品质是买卖合同的主要条款。在国际贸易中，商品种类繁多，即使同一种商品，其品种、花色、质量、产地、外形等也会有所不同。商品品质不同，不仅会影响商品的用途和运输方式，而且可能造成商品价格的差异。商品数量及其计量的约定是一项有效买卖合同不可缺少的内容。商品包装是保证商品完好且便于运输的重要条件。在学习过程中，尤其要注意理解商品品质、数量和包装条款在实际业务中的正确运用。

项目三　解读贸易术语和商品价格

【学习目标】

熟悉 FOB、CFR、CIF 三种贸易术语的异同点；知道 FCA、CPT、CIP 与 FOB、CFR、CIF 的区别；会选择常用贸易术语；熟悉价格的表示方法；能计算佣金和折扣。

任务一　解读贸易术语

　　价格是交易磋商中的主要内容。在国际贸易中,买卖双方路途遥远,商品价格受多种因素影响,在商谈价格条件时,必须就货物交接方式、货物交接单证、货物运输手续及运费支付责任、货物保险手续及保险费支付责任、货物通关手续及税费支付责任、货物运输中的风险等一系列问题进行反复磋商。为了缩短买卖双方对上述贸易条件的磋商时间,减少磋商费用,人们在长期实践中,逐渐形成了各种不同的贸易术语。贸易术语也称价格术语,在国际贸易中起着积极作用,有利于买卖双方核算成本和价格。

活动一　解析 FOB、CFR 和 CIF

> **情景导入**
>
> 　　上海顺风进出口有限公司近日与日本某公司商谈出口大豆的交易,张刚被指派协助业务员小王,在交易磋商中小王问张刚:为保证我方利益,该批大豆应在何地交接?运输和保险等事宜应由谁负责?运输中遇险受损责任应由哪方负责?

一、贸易术语的含义

　　贸易术语(Trade Terms)又称价格术语(Price Terms),是用一个简短的概念或英文缩写字母来表示商品的价格构成及买卖双方在货物交接过程中各自应承担的费用、责任和风险的划分。例如"USD280 Per M/T FOB Shanghai"中的"FOB Shanghai"即为一种贸易术语,表示"上海装运港船上交货"。

二、贸易术语的国际惯例

　　为了规范国际贸易的交易行为,在贸易实践中,国际贸易惯例逐渐形成。目前,有关贸易术语的国际惯例主要有三种:国际法协会制定的《1932 年华沙—牛津规则》、美国商会等制定的《1990 年美国对外贸易定义修订本》和国际商会制定的《2020 年国际贸易价格术语解释通则》(简称《2020 通则》或 Incoterms ® 2020)。它们现有的贸易术语数量、适用性及法律效力的主要情况见表 3-1。其中,《2020 通则》中规定的 FOB、CFR、CIF、FCA、CPT 和 CIP 六种贸易术语在实际业务中最为常用。

表 3-1　三种贸易术语国际惯例的主要情况对比表

对比内容	《2020 通则》	《1990 年美国对外贸易定义修订本》	《1932 年华沙—牛津规则》
贸易术语数量	11 种(分两类)	6 种	1 种
适用性	最常用	只适用美洲地区	当事人采用时适用
法律效力	不是法律,只有合同中采用时才能约束当事人		

三、《2020 通则》中 FOB、CFR 和 CIF 的解析

1. FOB 术语的主要内容

FOB 是 Free on Board(insert named port of shipment)的缩写,即船上交货(填入指定装运港),是指卖方在指定装运港将货物装上由买方指定的船舶,或者买方取得被如此交付的货物,卖方即完成交货。业务上俗称"离岸价",即卖方不负责订立运输和保险合同,货价中不含运费及保险费。在货物交到船上时,货物灭失或损坏的风险发生转移。自此时起,买方承担一切风险和费用。采用该术语必须在其后注明装运港名称,如 FOB Shanghai,适用于海运和内河运输。若当事人希望《2020 通则》适用于他们的合同,可写作 FOB Shanghai Incoterms ® 2020。

FOB 术语下买卖双方的义务具体如下:

(1)一般义务。

卖方必须提供符合销售合同约定的货物和商业发票,以及合同可能要求的其他与合同相符的证据。买方必须按照销售合同约定支付货物价款。单据根据双方约定,可以是纸质或电子形式。

(2)交、提货。

卖方必须在买方指定的装运港内的装货点,以将货物置于买方指定的船上、或以取得已经如此交付的货物作为交货方式。当卖方按如上要求交货时,买方必须提取货物。

(3)风险转移。

卖方承担完成交货前货物灭失或损坏的一切风险。卖方承担交货后货物灭失或损坏的一切风险。

(4)运输。

买方必须订立自指定装运港起的货物运输合同并自付费用。卖方没有订立运输合同的义务。

(5)保险。

买卖双方对于对方均没有订立保险合同的义务。

(6)运输单据。

卖方必须向买方提供已经交货的证明,通常为运输单据。

(7)进出口清关。

卖方办理出口清关手续并支付相关费用,买方办理进口清关手续并支付相关费用。双方均需协助对方办理以上手续。

(8)查验、包装、标记。

卖方必须支付交货所需要进行的查验、包装、标记费用,除非双方另有约定。

(9)费用划分。

卖方必须支付为完成交货义务所产生的各类费用。买方必须支付为完成收货义务所产生的各类费用。

(10)通知。

卖方在装货后须给予买方充分的通知。买方须就船名、装货点、交货时间、船舶安全要求等给予卖方充分的通知。

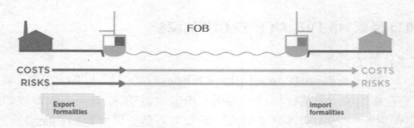

注:深色线表示卖方责任,浅色线表示买方责任
(图片来源:"贸通齐鲁"中国银行山东省分行交易银行部)

图 3-1　FOB 术语下买卖双方的主要责任划分图

2. CFR 术语的主要内容

CFR 是 Cost and Freight(insert named port of destination)的缩写,即成本加运费(填入指定目的港),是指卖方在装运港将货物交至船上,或买方取得被如此交付的货物,卖方即完成交货。卖方必须交付将货物运至指定目的港所必须的运费,但交货后货物灭失或损坏的风险自卖方转移至买方,由此而引起的任何费用将由买方负责。采用该术语必须在其后注明目的港名称,如 CFR NEW YORK,适用于海运和内河运输。

CFR 与 FOB 不同之处仅在于:CFR 合同的卖方需要订立将货物运至指定目的港的运输合同,并自付运费。除此之外,CFR 和 FOB 合同中的买卖双方的义务划分基本上是相同的。

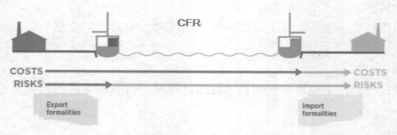

注:深色线表示卖方责任,浅色线表示买方责任
(图片来源:"贸通齐鲁"中国银行山东省分行交易银行部)

图 3-2　CFR 术语下买卖双方的主要责任划分图

3. CIF 术语的主要内容

CIF 是 Cost, Insurance and Freight(insert named port of destination)的缩写,即成本加保险费加运费(填入指定目的港),是指卖方在装运港将货物交至船上,或买方取得被如此交付的货物,卖方即完成交货。业务上俗称"到岸价",即卖方负责订立保险合同,必须交付将货物运至指定目的港所必需的保险费和运费,但交货后货物灭失或损坏的风险自卖方转移至买方,由此而引起的任何费用由买方负责。采用该术语必须在其后注明目的港名称,如 CIF OSAKA,适用于海运和内河运输。

CIF 与 CFR 相比,CIF 合同的卖方须签订海上运输的保险合同、支付保险费并提供保险单据。

CIF 与 FOB 相比,CIF 合同的卖方须签订运输合同和保险合同,并支付运费和保险费。

除此之外,三者买卖双方的义务划分基本上是相同的。

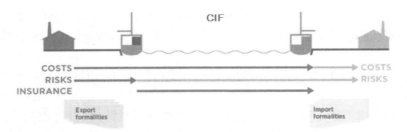

注:深色线表示卖方责任,浅色线表示买方责任

(图片来源:"贸通齐鲁"中国银行山东省分行交易银行部)

图 3-3　CIF 术语下买卖双方的主要责任划分图

豁然开朗

张刚画了一张表格,并将自己的认识告诉小王:

术语	交货地点	责任		费用			
		运输手续	保险手续	运费	保费	出口税	进口税
FOB	装运港指定船上	日方	日方	日方	日方	我方	日方
CFR	装运港指定船上	我方	日方	我方	日方	我方	日方
CIF	装运港指定船上	我方	我方	我方	我方	我方	日方

可见,采用不同贸易术语,买卖双方在货物交接过程中各自应承担的费用、责任和风险的划分也不同。这三个术语下,该批大豆都在上海港交接,即在运输中遇险受损责任都由日本公司承担,如果与此同时,运输和保险事宜都由我方负责,我方可根据情况统筹安排备货、装运、投保等事项,保证作业流程上的相互衔接,另外,也有利于发展我国的航运业和保险业,增加服务贸易收入。所以,采用 CIF 术语为好。

四、FOB、CFR、CIF 三种贸易术语的注意点和异同点

1.FOB、CFR、CIF 三种贸易术语的注意点

(1)FOB 术语的运输合同。卖方没有订立运输合同的义务,但可以应买方要求帮助其订立运输合同,但不用承担风险和费用。

(2)FOB 术语的船货衔接。如果买方安排的船只按时到达装运港,卖方因货未备妥而未能及时装运,由此产生的空舱费和滞期费由卖方承担;反之,如果买方延迟派船,使卖方不能在合同规定的装运期内将货物装船,由此产生的仓储、保险等费用由买方承担。

(3)CIF 术语的保险合同。在 CIF 合同中,卖方是为了买方的利益办理货运保险。《2020 通则》规定,如按协议或习惯做法,卖方只需投保保险责任最低的险别。

(4)装船通知。在三种贸易术语中都列出了双方的通知义务,但在 CFR 合同下,卖方的装船通知尤为重要。《2020 通则》规定,卖方装船后要"充分通知",即时间上要毫不迟疑,内容上相近,以便买方能及时办理保险以及为收货采取各必要措施。

2.FOB、CFR、CIF 三种贸易术语的不同点

(1)价格术语后港口性质不同,FOB 后指定装运港,CFR 和 CIF 后指定目的港。

（2）保险费办理和支付责任不同，FOB 和 CFR 由买方办理保险并支付保险费，卖方应于装船前通知买方；而 CIF 则由卖方按合同条款和保险条款办理保险、支付保险费并负责将保险单交给买方。

（3）租船订船不同，FOB 买方负责租船订舱和支付运费，而 CFR 和 CIF 由卖方负责租船订舱和支付运费。

（4）报价时考虑因素不同，FOB 价格需考虑货物从原料购进、生产直到出口报关、货物装到买方指定船舱时的一切费用和利润，而 CFR 价格是在 FOB 价格的基础上加上运费，CIF 价格是在 FOB 价格的基础上加上运费和保险费。三种术语的价格构成也不同，CIF 价格最高，CFR 价格次之，FOB 价格最低。

3. FOB、CFR、CIF 三种贸易术语的相同点
（1）三种术语的交货地点都在装运港。
（2）三种术语都适用于海运和内河运输。
（3）三种术语都是自货物装上船起，货物灭失或损失的风险即转移。
（4）这三种术语均属于象征性交货，即买方是凭单付款（卖方按合同规定在装运港将货物装上船，即完成交货义务，卖方不保证货物必然到达和何时到达目的港，也不对货物装上船后任何进一步风险承担责任）。其成交合同均属于装运合同，所以装运单据在这类交易中特别重要。

技能活动

【活动目标】
（1）熟悉 FOB、CFR 和 CIF 的主要内容。
（2）能区分和运用 FOB、CFR 和 CIF。

【活动内容】
连连看：将贸易术语与其对应的全称连线配对。
（1）FOB　　　　　　　　　　　（A）Cost and Freight
（2）CFR　　　　　　　　　　　（B）Free on Board
（3）CIF　　　　　　　　　　　（C）Cost, Insurance and Freight

　　案例分析一：我国某出口公司与国外某进口公司磋商一笔交易，如果我方不愿意承担出口国到进口国的运费，应采用什么术语？ 如果我方愿意支付运输途中的保险费用，又该采用什么术语？

　　案例分析二：上海金星出口公司对美商报出大米实盘，每公吨 CIF 旧金山 150 美元，发货港口是上海，现美商要求我方改报 FOB 上海价，分组讨论：我出口公司对价格应如何调整？ 如果最后按 FOB 条件签订合同，买卖双方在所承担的责任、费用和风险方面有什么差别？

　　案例分析三：上海朝阳外贸公司以"FOB 上海港"的条件与新加坡某商人达成一笔出口交易，新加坡商人开来的信用证，其金额和单价均按 FOB 上海港计算，要求货物运往日本横滨港，并在提单上表明"运费已付"（FREIGHT PREPAID）字样，分组讨论：新加坡商人为什么要这么做？ 我方应如何处理？

　　案例分析四：上海万福进出口有限公司准备向香港出口一批羊毛衫，给港商的报价为：USD80/PC CIF HONGKONG，对方回电表示要求把价格改为 USD80/PC FOB SHANGHAI，对此可否接受？ 为什么？

一、《1990 年美国对外贸易定义修订本》简介

《1990 年美国对外贸易定义修订本》由美国九大商业团体制订,对以下六种术语作了解释:

1. EX（point of origin）——产地交货价;

2. FOB——运输工具上交货价,内有含六种,其中第五种为 FOB Vessel（insert named port of shipment）——装运港船上交货价;

3. FAS——船边交货价;

4. C&F——成本加运费（目的港）价;

5. CIF——成本加保险费、运费（目的港）价;

6. EX DOCK——目的港码头交货价。

该惯例在美洲国家影响较大。在与采用该惯例的国家进行贸易时,要特别注意与其他惯例的差别,双方应在合同中明确规定贸易术语所依据的惯例。

二、象征性交货

卖方在装运港将货物装至船上,然后通过付款交单、信用证等一定程序向买方提交包括海运提单等物权凭证在内的全部合格单据,即完成了交货义务,运输单据上的出单（或装运）日期,即为“交货日期”,这种交货方式称为象征性交货。

> ☀ **观点集锦**
>
> 1. 贸易术语属于国际惯例,只有在合同中采用的时候才对当事人有约束力。
>
> 2. FOB、CFR、CIF 三种贸易术语的价格构成不同,CIF 价格最高,CFR 价格次之,FOB 价格最低,三者关系为 CIF 价 ＝CFR 价 ＋保险费 ＝FOB 价 ＋运费 ＋保险费。
>
> 3. FOB、CFR、CIF 贸易术语的变形,讨论的是装卸费的归属,不改变风险划分。

活动二 熟悉 FCA、CPT 和 CIP

> **情景导入**
>
> 上海顺风进出口有限公司准备与印度商人进行一笔货物买卖,因中、印两国陆地接壤,一般通过空运或铁路或公路运输货物,而《2020 通则》规定,FOB、CFR 和 CIF 只适用于海运和内河运输,业务员小王问张刚:这种情况应采用什么术语呢?

一、FCA、CPT 和 CIP 的主要内容

由于运输方式、单据和技术的发展,集装箱运输、多式联运、滚装船等的使用日益广泛,原有的贸易术语已难以适应其发展,因此出现了 FCA、CPT 和 CIP 三种新的贸易术语。

国际贸易业务流程

1. FCA 术语的主要内容

FCA 是 Free Carrier(insert named place of delivery)的缩写,即货交承运人(填入指定交货地),是指卖方在其所在处所或另一指定地点,将货物交付给由买方指定的承运人或其他人,或买方取得已经如此交付的货物,卖方即完成交货。该术语适用于铁路、公路、空运、海运、内河航运或者多式联运等任何形式的贸易运输方式。

其中,"承运人"是指运输合同中承担铁路、公路、海洋、航空、内河运输的人;"卖方所在处所"可以是卖方的工厂、工场、仓库等地;"指定地点"可以是铁路终点站、起运机场、货运站、集装箱码头或堆场、多用途货运终点站等。采用该术语必须在其后注明交货地点,如**FCA Shanghai factory**。

(1)一般义务。

卖方必须提供符合销售合同约定的货物和商业发票,以及合同可能要求的其他与合同相符的证据。买方必须按照销售合同约定支付货物价款。单据根据双方约定可以是纸质或电子形式。

(2)交、提货。

卖方必须在指定地点向买方指定的承运人交付货物,或以取得已经如此交付货物的方式交货。当卖方按前述要求交货时,买方必须提取货物。

(3)风险转移。

卖方承担完成交货前货物灭失或损坏的一切风险。卖方承担交货后货物灭失或损坏的一切风险。

(4)运输。

买方必须自付费用订立运输合同或安排从指定交货地开始的货物运输。卖方没有订立运输合同的义务。

(5)保险。

卖方对买方没有订立保险合同的义务。买方对卖方也没有订立保险合同的义务。

(6)运输单据。

卖方必须向买方提供已经交货的证明,通常为运输单据。

(7)进出口清关。

卖方办理出口清关手续并支付相关费用,买方办理进口清关手续并支付相关费用。双方均需协助对方办理以上手续。

(8)查验、包装、标记。

卖方必须支付交货所需要进行的查验、包装、标记费用,除非双方另有约定。

(9)费用划分。

卖方必须支付为完成交货义务所产生的各类费用。买方必须支付为完成收货义务所产生的各类费用。

(10)通知。

卖方在完成交货后须给予买方充分的通知。买方须就承运人名、装货点、交货时间、运输方式、运输工具安全要求等给予卖方充分的通知。

FCA 术语是 FOB 术语的拓展,FCA 术语下的交货地点不是装运港,而是双方商议的指定地点。如果货物在装船前就被交付承运人,如集装箱货物通常在港区交货,则不宜适用 FOB 术语,此类情形应使用 FCA 术语。对卖方而言,采用 FCA 术语优于 FOB 术语。

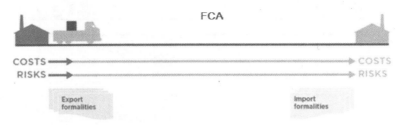

注:深色线表示卖方责任,浅色线表示买方责任

(图片来源:"贸通齐鲁"中国银行山东省分行交易银行部)

图3-4　FCA 术语下买卖双方的主要责任划分图

2. CPT 术语的主要内容

CPT 是 Carriage Paid to(insert named place of destination)的缩写,即运费付至(填入指定目的地),是指当货物已被交给由卖方订约的承运人,或买方取得已经如此交付的货物时,卖方即完成了交货。卖方必须支付将货物运至指定目的地所需要的运费。交货后,货物灭失或损坏的风险即从卖方转移至买方,买方负担由此而引起的任何额外费用。该术语适用于铁路、公路、空运、海运、内河航运或者多式联运等任何形式的贸易运输方式。采用该术语必须在其后注明目的地,如 CPT Paris Charles de Gaulle Airport。

CPT 与 FCA 不同之处仅在于:CPT 合同的卖方需要订立将货物运至指定目的地的运输合同,并自付费用。除此之外,CPT 和 FCA 合同中的买卖双方的义务划分基本上是相同的。

CPT 术语是 CFR 术语的拓展,CPT 术语下的交货地点不是装运港,而是双方商议的指定地点,目的地不是目的港,而是指定目的地。其他特点与 CFR 术语相同。对卖方而言,采用 CPT 术语优于 CFR 术语。

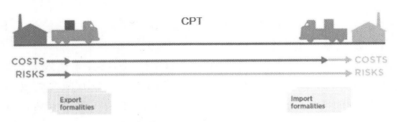

注:深色线表示卖方责任,浅色线表示买方责任

(图片来源:"贸通齐鲁"中国银行山东省分行交易银行部)

图3-5　CPT 术语下买卖双方的主要责任划分图

3. CIP 术语的主要内容

CIP 是 Carriage and Insurance Paid to(insert named place of destination)的缩写,即运费、保险费付至(填入指定目的地),是指卖方除了须承担在 CPT 术语下同样的义务外,还须对货物在运输途中灭失或损坏订立保险合同,并支付保险费。该术语适用于铁路、公路、空运、海运、内河航运或者多式联运等任何形式的贸易运输方式。

CIP 术语是 CIF 术语的拓展,如使用除水运外的运输方式或集装箱运输,则适合使用 CIP 术语,而非 CIF 术语。

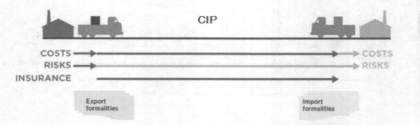

注:深色线表示卖方责任,浅色线表示买方责任
（图片来源:"贸通齐鲁"中国银行山东省分行交易银行部）

图3-6　CIP术语下买卖双方的主要责任划分图

二、FCA、CPT、CIP 与 FOB、CFR、CIF 的区别

FCA、CPT、CIP 与 FOB、CFR、CIF 的区别主要体现在以下三个方面:

第一,适用的运输方式不同。前三者适用于各种运输,其承运人可以是船公司、铁路局、航空公司,也可以是多式联运的经营者;而后三者只适用于海运和内河运输,其承运人一般只限于船公司。

第二,交货地点和风险界限不同。前三者的交货地为承运人接管处,风险转移是以货交承运人为界;而后三者交货地点为装运港船上,即风险是自货物装上装运港指定的船上发生转移。

第三,运输单据不同。前三者卖方提交的单据视不同的运输方式而定,如采用铁路运输,提交铁路运单,空运情况下则交付空运运单;而后三者卖方一般应向买方提交清洁的已装船海运提单。

豁然开朗

张刚先回顾了 FCA、CPT、CIP 三种贸易术语的主要内容后,将它们与 FOB、CFR、CIF 进行了比较,向业务员小王解释道:

从图 3-4 至图 3-6 中可以看出,FCA、CPT、CIP 三种贸易术语均表示卖方只要在指定的时间和地点把货物在本国交给买方指定的承运人,并办理出口清关手续,就算完成交货义务,它们适用于各种运输方式。只是在 CPT 术语下卖方还须承担运费,在 CIP 术语下卖方须承担运费和保险费,而在 FCA 术语下卖方既不需要承担运费,也不需要承担保险费。

我方与印度公司进行贸易,按《2020 通则》规定,可采用适合各种运输方式的 FCA、CPT 或 CIP 贸易术语进行成交。

技能活动

【活动目标】

（1）了解 FCA、CPT 和 CIP。

（2）能比较分析有关贸易术语。

【活动内容】

连连看: 将贸易术语全称与其缩写连线配对。

（1）Free Carrier	（A）FCA
（2）Carriage Paid to	（B）CPT
（3）Carriage and Insurance Paid to	（C）CIP

填表题：填写下表中的空栏。

表 3-2　FOB、CFR、CIF 与 FCA、CPT、CIP 的比较

比 较 项 目	FOB、CFR、CIF	FCA、CPT、CIP
运输方式	海运和内河运输	
承运人		船公司、铁路局、航空公司等
交货地点	装运港船上	
运输单据		
术语后应注地名		

案例分析一：甲公司是一家电视机制造和出口商,地处出口国内陆城市 A 市。乙公司是一家电视机进口商,地处进口国 B 市港口。从内陆城市 A 市到 B 市港口有集装箱多式联运服务,A 市货运商以订约承运人的身份可以签发多式联运单据。货物在距 A 市制造商 5 公里的集装箱堆场被装入集装箱后由货运商用卡车经公路运至港口,然后装海轮运到 B 市港口。假如甲公司不愿意承担公路和海洋运输风险,乙公司不愿意承担货物交运前的风险。那么应如何解决以下问题:

（1）双方当事人可否按 FOB、CFR 或 CIF 术语报价?

（2）甲公司是否应提供已装船单据?

（3）甲公司应采用何种术语为好?

案例分析二：我国西安某出口公司(以下简称我公司)于 2021 年 11 月按 FOB 天津新港向日本大阪某公司出口 30 吨甘草膏,合同规定货物必须用集装箱装运。因我公司在天津设有办事处,于是将货物运到天津存入仓库中转,再由天津办事处负责订箱装船,不料货物在天津因仓库着火而全部被焚,办事处立即通知我公司总部并要求尽快补发 30 吨甘草膏,否则无法按期装船。结果我公司因货源不足,只好要求日商将装运期延长 15 天,日商同意但提出降价 5% 的条件,经协商,最终降价 3% 。从降低我公司成本和风险的角度出发,分组讨论:用 FOB 术语是否合适? 如果不适合,最好采用哪种贸易术语?

知识拓展

FCA、CPT、CIP 术语下交货地点的规定

根据《2020 通则》的规定,卖方必须在指定的交货地点,在约定的交货日期或期限内,将货物交付给买方指定的承运人或其他人,或由卖方选定的承运人或其他人。

买方应在合同中尽可能确切地确定交货地和指定目的地,风险在交货地转移至买方,卖方必须签订运输合同,将货物运至指定目的地。

如果适用多个承运人将货物运至约定目的地,同时买卖双方未能确定特定的交货点,则默认为风险在由卖方单方面选择、买方无法掌控的特定点,货物被交付给第一承

国际贸易业务流程

运人时转移。如果双方希望在后阶段转移风险(比如在海港或者机场),应在合同中予以明确。

活动三　认识其他贸易术语

情景导入

上海顺风进出口有限公司派张刚协助处理与日本某公司的一笔国际贸易业务,如果进口商希望在自己的工厂交接货物,该使用什么术语? 如果出口商希望在自己的工厂交接货物,又该使用什么术语?

一、认识其他贸易术语

国际商会制定的《2020 通则》除了前述的 FOB、CFR、CIF、FCA、CPT、CIP 等 6 种贸易术语外,还有其他 5 种贸易术语,分别是:

1. EXW 术语

EXW 是 Ex Works(insert named place of delivery)的缩写,即工厂交货(填入指定交货地点),是指卖方在其所在处所(工厂、工场、仓库等)将货物交与买方处置时,即履行了交货义务。

卖方不负责将货物装上接货的运输车辆,也不负责出口清关,是卖方承担义务最少的术语。买方负责自卖方所在地提取货物至目的地所需的一切费用和风险。该术语适用于铁路、公路、空运、海运、内河航运或者多式联运等任何形式的贸易运输方式。

按《2020 通则》的解释,该术语更适合国内贸易。如果买方办理出口清关有困难,最好选用 FCA 术语。

2. FAS 术语

FAS 是 Free Alongside Ship(insert named port of shipment)的缩写,即船边交货(填入指定装运港),是指卖方将货物放置在装运港码头或驳船上靠买方指定的船边,或买方已取得如此交付的货物时,卖方即完成交货。买方必须自该时起,负担一切费用和货物灭失或损坏的一切风险。同时,买方必须订立自指定装运港起的运输合同,并支付运费。在需要清关的时候,卖方须办理货物的出口清关手续。该术语适用于海运和内河水运。

如果是集装箱货物,通常由卖方在港区向承运人交货而不是在船边交货,则应使用 FCA 术语;如果双方约定货物需要装上船,则应使用 FOB 术语。

3. DAP 术语

DAP 是 Delivered at Place(insert named place of destination)的缩写,即目的地交货(填入

国际贸易业务流程

指定目的地），是指卖方在约定目的地，将装在抵达的运输工具上并做好卸货准备的货物交由买方处置，或买方已取得如此交付的货物时，卖方即完成交货。卖方承担将货物运至指定目的地的一切风险和费用。在需要清关的时候，卖方需要办理出口清关，但无需办理进口清关。该术语适用于铁路、公路、空运、海运、内河航运或者多式联运等任何形式的贸易运输方式。

如果双方约定卖方需要将货物从抵达的运输工具上卸下，则应使用 DPU 术语；如果双方约定卖方需要办理进口清关手续，则应使用 DDP 术语。

4. DPU 术语

DPU 是 Delivered at Place Unloaded(insert named place of destination) 的缩写，即目的地卸货后交货（填入指定目的地），是指卖方在约定目的地，将装在抵达的运输工具上的货物卸下并交由买方处置，或买方已取得如此交付的货物时，卖方即完成交货。卖方承担将货物运至指定目的地的约定地点并卸下的一切风险和费用。这是《2020 通则》中最新收录的国际贸易术语，由《2010 通则》中 DAT 术语修改而来。该术语适用于铁路、公路、空运、海运、内河航运或者多式联运等任何形式的贸易运输方式。

5. DDP 术语

DDP 是 Delivered Duty Paid(insert named place of destination) 的缩写，即完税后交货（填入指定目的地），是指卖方在约定目的地，将放置在抵达的运输工具上做好卸货准备的货物交由买方处置，或买方已取得如此交付的货物时，卖方即完成交货。买方承担将货物运至指定目的地的一切费用和风险。使用该术语，卖方不仅需要办理货物出口清关，还需要办理进口清关，并支付任何进出口关税和其他费用，是卖方承担义务最多的术语。该术语适用于铁路、公路、空运、海运、内河航运或者多式联运等任何形式的贸易运输方式。

豁然开朗

根据以上相关知识，张刚认为：

如果出口商希望在自己的工厂交接货物，应使用 EXW 术语；如果进口商希望在自己的工厂交接货物，应使用 DDP 术语。

技能活动

【活动目标】

（1）熟悉 11 种贸易术语适用的运输方式、交货地点、买卖双方的责任和风险转移界限。

（2）了解常用贸易术语的主要区别。

【活动内容】

判断分析：指出 FOB、CFR、CIF 条件下当事人的责任、费用和风险负担。

填表题：填写表 3-3 的空格。

表 3-3　部分贸易术语的费用、风险和责任

类别	贸易术语	中文含义	交货地点	责任		费用			
				运输手续	保险手续	运费	保费	出口税	进口税
适合于任何方式	EXW	工厂交货	出口国指定地点	买方	买方	买方	买方	买方	买方
适合于海运和内河运输	FOB	装运港船上交货	装运港指定船上	买方	买方	买方	买方	卖方	买方

知识拓展

一、选用贸易术语应注意的主要问题

在国际贸易中,买卖双方的权利义务普遍是采用贸易术语来明确的。由于贸易术语涉及买卖双方的交货发货、办理报关、交单交证、通知对方、签订运输和保险合同、转移风险、承担费用等多项因素。因此,在实践中谨慎选择合适的贸易术语至关重要。在选用时应注意的主要问题有:

● 选择贸易术语考虑的因素:业务性质、贸易政策、船源、运输方式、货物特性、交易习惯、当事人喜好、支付方式等,如 FOB、CFR、CIF 只适合于海洋运输和内河运输,而在航空运输和铁路运输情况下,则应采取 FCA、CPT、CIP 术语。

● 坚持有利原则。从增收、节支、外汇、运费和保费的角度看,出口应争取采用的贸易术语顺序分别是 CIF/CIP、CFR/CPT、FOB/FCA,而进口则刚好相反。

● 应扩大 FCA、CPT、CIP 的使用,这样有利于提前收汇,转移风险。

● 应着眼安全收汇或安全收货。如采用 FOB 术语出口时,因由买方指定承运人或指定货运代理,所以风险大于 CFR、CIF,不利于安全收汇,所以出口一般选择 CIF 或 CFR。

● 应灵活处理。如对于零星商品、不便派船或无直达船运输的商品,出口也可采用 FOB;运价上涨时就不宜用 CFR/CIF。

二、《2020 通则》中 11 种贸易术语的分类

表 3-4 《2020 通则》中 11 种贸易术语的分组表

类　　别	术语缩写	术语英文名称	术语中文名称
第一类 适用于任何运输方式 （包括多式运输）	EXW	Ex Works	工厂交货（填入指定交货地点）
	FCA	Free Carrier	交至承运人（填入指定交货地点）
	CPT	Carriage Paid to	运费付至（填入指定目的地）
	CIP	Carriage and Insurance Paid to	运费、保险费付至（填入指定目的地）
	DAP	Delivered at Place	目的地交货（填入指定目的地）
	DPU	Delivered at Place Unloaded	目的地卸货后交货（填入指定目的地）
	DDP	Delivered Duty Paid	完税后交货（填入指定目的地）
第二类 只适用于海运或内河 运输	FAS	Free Alongside Ship	装运港船边交货（填入指定装运港）
	FOB	Free on Board	装运港船上交货（填入指定装运港）
	CFR	Cost and Freight	成本加运费（填入指定目的港）
	CIF	Cost, Insurance and Freight	成本、保险加运费付至（填入指定目的港）

☀ 观点集锦

1. 不同贸易术语对买卖双方权利义务有决定性的影响,当事人应根据自己的能力采用切合实际的术语。

2. 采用 EXW 术语,卖方的责任最小,价格最便宜;而采用 DDP 术语,卖方的责任最大,价格最高。

任务二　解读商品价格

在国际货物买卖中,价格是买卖双方共同关心的核心问题,双方为了达成交易获得盈利,都会从自身实际情况出发,认真核算正确报价并灵活运用佣金与折扣,在运用不同贸易术语的基础上,结合经营意图和各国政策制定合适的价格条款。价格条款是国际货物买卖合同的必备条款和核心。

活动一　认识进出口商品价格构成

情景导入

张刚顺利获得了上海顺风进出口有限公司出口业务部主管的认可,结束了试用期,成为该公司的一名正式员工,出口业务部主管有意培养他独立开展业务。但要成

国际贸易业务流程

为业务员需要具备扎实的贸易知识和丰富的贸易经验,张刚内心有点紧张并决定继续充电学习。这几天,他在购买国际商务类书籍时产生了疑问:假如国际买卖合同的货物是书籍,其价格是否可以表述为"￥25.00/PC(每本书25.00元)"?

一、价格条款的基本内容

国际货物买卖合同中的价格条款应真实反映买卖双方价格磋商的结果,在订立过程中内容应完整、明确、具体、准确。价格条款的基本内容有两个:

1. 商品单价

商品单价(Unit Price)指单位商品的价格,由计价货币、单位价格、计量单位和贸易术语四个部分组成,缺一不可。如 USD 48.50 Per Dozen CFR LONDON,表示单价为:每打48.50美元 CFR 伦敦,其中"USD"为计价货币,"48.50"为单位价格;"Per Dozen"为计量单位,"CFR LONDON"为贸易术语。

2. 商品总值

商品总值(或称总价)(Total Amount)是单价与成交货物数量的乘积,也就是一笔交易货款的总金额。

豁然开朗

张刚明白了:

把书籍销往国外,对外报价不可以是"￥25.00/PC"。正确报价不仅要使用外国人能看懂的文字,还必须明确双方交接货物的具体条件,如采用何种贸易术语,采用人民币元、港元,还是澳元等(因为世界上有几十个国家和地区的货币单位是"元")。所以如果进出口买卖合同的货物是书籍,则正确的单价表示方法是"CNY25.00/PC + 贸易术语",如"CNY25.00/PC CIF LONDON"即"一本书25.00人民币元 CIF 伦敦"。

二、进出口商品价格的构成

国际贸易中商品价格的表述有别于国内贸易,一般由成本、费用和利润三部分组成。具体为:

1. 出口商品价格构成

(1)成本——指进货成本(含税)或生产成本或加工成本。

$$实际采购成本 = 进货成本(含税) - 出口退税收入$$
$$出口退税收入 = 进货成本(含税) \times 出口退税率/(1 + 增值税税率)$$

例:某公司采购 A 产品的含税进货成本为人民币1000元,所含增值税税率为13%,若 A 产品的出口退税率为9%,则该产品的实际采购成本为:

$$实际采购成本 = 1000 - 1000 \times 9\%/(1 + 13\%) = 920.35(元)$$

(2)费用——国内费用(包装费、仓储费、内陆运费、认证费、港区港杂费、商检报关费、出口捐税、垫款利息、经营管理费、银行费用等)和国外费用(出口运费、出口保险费、佣金等)。

(3)利润——即预期收入,通常以实际成本或出口成本或出口报价为基数计算。

例:某公司出口 B 商品,生产成本为每单位 600 元,出口的总费用为每单位 100 元,若公司预期利润率为 6% ,公司对外报 FOB 价,则以生产成本、出口成本、出口价格为基数计算的利润额分别为:

以生产成本为基数计算:利润额 $= 600 \times 6\% = 36$(元)

以出口成本为基数计算:利润额 $= (600 + 100) \times 6\% = 42$(元)

以 FOB 价(出口报价)为基数计算:利润额 $= (600 + 100) \times 6\% / (1 - 6\%) = 44.68$(元)

提示:FOB 价 = 出口成本 + 利润,以 FOB 价为基数计算利润,则利润 = FOB 价 × 利润率,所以,FOB 价 = 出口成本 + FOB 价 × 利润率 = 出口成本/(1 - 利润率)。

最后得出,利润 = [出口成本/(1 - 利润率)] × 利润率 = 出口成本 × 利润率/(1 - 利润率)。

2. 进口商品价格构成

(1)成本——如进口货物的 FOB 价。

(2)费用——如海运或其他运费、保险费、进口税费、目的港码头捐税、卸货费、检验费、银行费用、报关提货费、仓储费、国内运杂费、佣金等。

(3)利润——即预期收入。

进/出口商品使用的贸易术语不同,其价格也不同。表 3-5 反映了不考虑折扣和佣金时三种常用贸易术语下出口商品价格的组成及其相互关系。

表 3-5　FOB、CFR、CIF 三种术语下商品价格及关系图

CIF 价格	CFR 价格	FOB 价格	实际成本	生产成本	自产自销的投入
				加工成本	进料或半成品加工的投入
				采购成本	也称进货成本
			国内总费用	国内运输费	从工厂到仓库的运输
				认证费	部分国家要求
				仓储费	按货物数量和存储天数计
				港口杂费	不同港口规定不同
				报关费	100 ~ 300 元/20'集装箱
				检验费	占出货金额的 0.1% 左右
				贷款利息	贷款向工厂付款
				业务费用	房租、工资、参展、差旅等
				银行费用	银行收汇费用和不符点费用
				其他费用	代理费、集装箱的装箱费等
			预期利润		一般为货价的 10%
		国 际 运 费			
	国 际 保 险 费				

三、国际贸易价格的计算

在不考虑折扣和佣金,并假设利润以出口成本(即实际成本 + 国内总费用)为基数计算的情况下,FOB、CFR 和 CIF 三种贸易术语下商品价格的计算公式如下:

国际贸易业务流程

$$FOB 价 = （实际成本 + 国内总费用）/（1 - 利润率）$$
$$CFR 价 = FOB 价 + 国际运费$$
$$CIF 价 = CFR 价 + 国际保险费$$

例：某进出口公司出口甲商品到美国，甲商品实际成本每件 1000 元，国内总费用每件 20 元，国际运费每件 5 元，国际保险费每件 1 元，预期利润为出口成本的 5% ，则每件甲商品的 FOB 价、CFR 价、CIF 价分别为：

FOB 价 =（1000 + 20）/（1 - 5%）= 1073.68（元）；

CFR 价 = 1073.68 + 5 = 1078.68（元）；

CIF 价 = 1078.68 + 1 = 1079.68（元）。

技能活动

【活动目标】

（1）熟悉商品单价的表示方法。

（2）能进行常用贸易术语下商品价格的换算。

【活动内容】

判断分析一：指出下列商品单价的组成部分。

EUR 100 PER PC CIF SHANGHAI

判断分析二：请判断以下出口商品单价的写法是否正确。如不正确，应如何改正？

（1）每码 35 元 CIF 香港；

（2）每箱 500 CFR 英国；

（3）每公吨 2000 美元 FOB 伦敦；

（4）每打 100 欧元 FOB；

（5）2000 日元 CIF 上海；

（6）每斤 4.5 美元；

（7）USD50/CTN CIF LONDON；

（8）每件 10 英镑 FOB 天津。

案例分析：上海红星进出口公司出口大豆 1000 公吨，出口价格为 USD2000/MT CIF NEW YORK，现客户要求改变报价，采用 FOB SHANGHAI 价。已知该批大豆出口总运费为 USD150000，保险费为 USD20000，计算应报出 FOB SHANGHAI 价是多少。

知识拓展

一、商品价格的作价原则和作价方法

1. 作价原则

（1）平等互利；

（2）参照国际市场价格水平；

（3）结合国别（地区）政策；

（4）考虑营销政策；

（5）考虑影响价格的各种具体因素，如商品的质量、档次、交货条件、运输距离、成交数

量、季节性需求、支付条件和汇率变动等。

2. 作价方法

常见的作价方法有固定作价和非固定作价。

（1）固定作价，指交易双方通过协商就计量单位、计价货币、单位价格金额和使用的贸易术语达成一致，并在合同中以单价条款的形式规定下来的作价方法。

（2）非固定作价，习惯上又称"活价"，如在合同中暂定一个初步价格，作为买方开立信用证和初步付款的依据，待以后双方确定最终价格后再进行清算，多退少补；或规定滑动价格即由交易双方在合同中规定基础价格的同时，规定如交货时原料费用或工资发生变化，并超过一定比例，卖方可对价格进行调整等的作价方法。

二、商品价格的计价货币与支付货币

计价货币是指在合同中规定的用来计算商品价格的货币。支付货币是指在合同中规定的用来支付货款的货币。

国际贸易中，如果一份合同只规定一种货币，则计价货币与支付货币一致。但在实践中，买卖双方可以在合同中规定不同的货币，如进口国货币或出口国货币或第三国货币。在选择计价货币或支付货币时，买卖双方一般首先考虑该货币是否可自由兑换，其次要考虑货币汇率变动的风险。

> ☀ **观点集锦**
>
> 1. 商品单价是货物买卖合同的重要组成部分，只有明确商品单价的构成才能将货物按合适的价格进行进出口贸易。
>
> 2. 实际工作中，将一种报价换算为另一种报价是很平常的事，但应注意不同价格之间的换算关系。

活动二 计算佣金与折扣

> **情景导入**
>
> 上海顺风进出口有限公司近日准备出口一批T恤衫到日本大阪，但该笔交易金额不大，业务员张刚想将该业务委托给中间商操作，但他同时也疑惑：中间商是否能操作？中间商能得到什么？如何为中间商的劳动支付报酬？

一、佣金和折扣的概念

1. 佣金的含义

佣金（Commission）是出口商或进口商支付给中间人的报酬。在国际货物买卖中，往往表现为出口商支付给销售代理人或进口商支付给购买代理人的酬金。在贸易实践中，含有佣金的价格通常称为"含佣价"。佣金有明佣（即在合同价格条款中明确规定佣金的百分比）、暗佣（即佣金问题没有在贸易合同中体现出来，而由当事人另行约定）和双头佣（即中间商或代理商向贸易合同的买卖双方都收取的佣金)之分。

2. 折扣的含义

折扣(Discount)是卖方给予买方的价格减让,它是一种在原价基础上的价格优惠。

豁然开朗

通过对佣金概念的认识,张刚知道:

只要我公司与中间商签订代理出口协议,中间商就可以操作,中间商在完成有关业务活动后能得到佣金(即好处费)——我公司应支付中间商的劳动报酬。在实际贸易中佣金可以根据合同规定由买/卖方或双方支付。

二、佣金和折扣的表示方法

1. 佣金的表示方法

通常在价格中用文字说明或字母缩写或绝对数来明示佣金率。

(1)文字说明如 USD1000 Per M/T CIF HONGKONG Including 3% Commission(每公吨CIF 香港 1000 美元包括佣金 3%);

(2)字母缩写如 USD1000 Per M/T CIFC3% HONGKONG(百分号可以省略)(每公吨CIF 香港 1000 美元,含 3% 佣金);

(3)绝对数如 Commission USD30 Per M/T(每公吨付佣金 30 美元)。

2. 折扣的表示方法

折扣的表示方法同佣金的表示方法相似。

(1)文字说明如 USD1000 Per M/T CIF HONGKONG Less 3% Discount(每公吨 CIF 香港 1000美元减 3% 折扣);

(2)绝对数如 Discount USD30 Per M/T(每公吨付折扣 30 美元)。

三、佣金和折扣的计算

1. 佣金的计算

佣金一般是以合同价格直接乘以佣金率,得出佣金额的计算公式为:

$$单位货物佣金额 = 含佣价 \times 佣金率$$
$$净价 = 含佣价 - 单位货物佣金额$$
$$含佣价 = 净价/(1 - 佣金率)$$

其中,净价(Net Price)指不含佣金和折扣的价格。

例1:CIFC3% 每公吨 1000 美元,佣金额为 $1000 \times 3\% = 30$(美元)。

例2:买卖双方按 CIF 每公吨 1000 美元成交,但合同规定 FOBC3%,若运费为 30 美元,保险费为 10 美元,则佣金额为 $(1000 - 30 - 10) \times 3\% = 28.8$(美元)。

例3:CIF 净价为 100 美元,佣金率为 4%,则佣金额为 $100/(1 - 4\%) - 100 = 4.17$(美元)。

2. 折扣的计算

折扣的计算公式为:

国际贸易业务流程

单位货物折扣额＝原价（或含折扣价）×折扣率

四、佣金和折扣的支付

佣金是支付给中间商的,它可以由代理商直接从货价中扣除,也可在委托人收货或收款后按约定另外支付,要防止佣金错付、漏付和重付的事故发生;而折扣是卖方给买方的价格优惠,通常是买方在支付款项时预先扣除,卖方不需另行支付。

技能活动

【活动目标】

1. 了解佣金和折扣的表示方法。

2. 会计算佣金和折扣。

【活动内容】

1. 出口某商品报价"USD100/件 FOB 上海含2% 佣金",试计算佣金和货物的净价各是多少? 如果所报价格 USD100 是净价,要改成含2% 佣金的价格,结果会是 USD102 吗?

2. 某公司向香港客户出口水果罐头200 箱,每箱132.60 港币 CIF 香港,客户要求改报 CFR 香港含5% 佣金价,设保险费为 CIF 价的2% ,在保持原报价格不变的情况下,试计算:

（1） CFRC5% 香港价应报多少?

（2） 出口200 箱应付给客户多少佣金?

3. 某公司出口一批商品,原报价 CFRC3% 曼谷每公吨6600 美元,外商要求改报 CFRC5% 曼谷,在净价不变的条件下,该公司报价应为多少?

知识拓展

订立价格条款时应注意的问题

第一,选择适当的价格术语。一般以多创汇、少用汇为原则,结合考虑运输能力、运输费用、港口装卸条件、国际惯例等因素灵活选择。如出口业务应尽量采用 CIF 或 CFR 术语,进口业务应尽量采用 FOB 术语。

第二,选择适当的计价货币,要注意可兑换性、币值稳定性等因素。

第三,灵活运用差价(如品质差价、数量差价等)、佣金和折扣。

第四,单价的四个组成部分必须表达明确、具体,并注意:

● 书写顺序为计价货币、单位价格、计量单位和贸易术语,一般不能任意颠倒;

● 计价货币应写具体,要明确是哪一种货币;

● 计量单位要写清楚,应注意各国度量衡制度的不同,并与数量条款的规定相一致;

● 贸易术语中的港口名称在书写时,应注意有否重名情况,凡是出现有同名的港口应加注国别或地区。

☀ **观点集锦**

1. 在国际贸易中,佣金与折扣是价格谈判的基本内容之一。

2. 佣金不是贿赂,是中间商应得的酬金。

国际贸易业务流程

　　本项目主要介绍了国际贸易中价格条款的相关知识,初步了解不同国家的买卖双方当事人在进行贸易活动时,正确运用贸易术语的具体做法。在学习过程中,还应结合所学知识对买卖价格进行分析、确定和换算,为今后从事实际工作打下良好的基础。

项目四　解读商品装运、保险、检验与索赔

【学习目标】

了解海洋运输特点和方式；熟悉海运提单的作用和种类；能计算班轮运费、投保金额和保险费；知道分批装运和装运条款的规定；熟悉海洋货物运输保险基本险与附加险的基本内容；了解商品检验时间和地点的规定；了解不可抗力成立条件及索赔程序。

任务一　解读商品装运与保险

货物要实现从出口国到进口国的转移,必须通过某种运输方式来实现。运输方式不同,装运条款和保险条款也不同。在国际货物运输中,正确理解运输方式、装运期、装卸地与目的地、装运方式、装运通知、保险险别、保险费计算、保险责任范围等内容,对订立装运条款和保险条款具有相当重要的作用。

活动一　比较各种运输方式

情景导入

上海顺风进出口有限公司与法国客户签订一笔纺织品的 CIF 出口合同后,恰逢我国将出台提高纺织品进出口关税的政策。因此,买卖双方同意将原合同规定的海运方式出口临时改为航空运输出口,以避免因该政策实施而增加开支。出口业务部主管问张刚:从贸易角度讲,这种做法是否可取?

在国际贸易货物运输中,涉及的运输方式有很多,一般有海洋运输、铁路运输、航空运输、集装箱运输、联合运输(即国际多式联运和大陆桥运输等)、河流运输、邮包运输、公路运输、管道运输等。目前,我国常用的运输方式有海洋运输、铁路运输、航空运输、集装箱运输和国际多式联运。

一、海洋运输

1. 海洋运输的特点

海洋运输(Ocean/Marine/Sea Transport)是国际贸易中最主要的运输方式,我国三分之二的国际货物都是通过海洋运输完成的,其主要特点有:

(1) 通行能力强。海洋运输航道四通八达,且不受道路和轨道限制。

(2) 运量大。很多远洋货轮载重量超过十万公吨,可装载上万个标准集装箱。

(3) 运费低。由于运量大、航程远,所以货物的单位运输成本相对较少。

(4) 运速相对较慢。

(5) 风险大。如受气候和自然条件影响较大,航期不确定。

2. 海洋运输的种类

海洋运输按船舶的经营方式可分为班轮运输和租船运输。

(1) 班轮运输(Liner Transport)。班轮运输也称定期船运输,是指在固定航线上,挂靠固定港口,按固定费率收费并定期开航的船舶运输。其特点是"四固定一负责"(即固定航线、固定港口、固定费率和固定船期;船方负责装卸费),并以提单为准确定当事人的权利和义务。

(2) 租船运输(Charter Transport)。租船运输也称不定期船运输或海上运输契约,是指租船人向船东租赁整船或部分舱位用于货物运输的方式,适宜大宗货物运输。其特点是不定航线;不定船期;租金率或运费率根据租船市场行情来决定;船东和租船人通过 C/P(租船合同)来确定彼此的权利和义务。租船方式有定程租船、定期租船和光船租船三种。

3. 海运提单

(1) 海运提单的含义。海运提单(Bill of Lading,简称 B/L)指用以证明海上货物运输合同和货物已经由承运人接收或者装船,以及承运人保证据以交付货物的单证。

(2) 海运提单的性质。

- 它是承运人接收货物或货物装船的收据;
- 它是海上货物运输合同成立的证明;
- 它是承运人保证凭以交付货物和可以转让的物权凭证。

(3) 海运提单的种类。

表 4-1 海运提单的种类

分类标志	单据名称		特 点
	中 文	英 文	
按提单收货人的抬头划分	记名提单	Straight B/L	收货人栏内具体填写收货人名称
	指示提单	Order B/L	收货人栏内填上"凭指示"或"凭某人指示"字样
	不记名提单	Bearer B/L	收货人栏内注明"提单持有人"字样或为空栏
按货物是否装船划分	已装船提单	On Board B/L	货物装船后签发给托运人的提单
	收货待运提单	Received for Shipment B/L	承运人在收到货物但没装船时,签发给托运人的提单
按提单上有无不良批注划分	清洁提单	Clean B/L	装船时货物外表状况良好的提单
	不清洁提单	Unclean/Claused B/L	注明货物包装不牢、破残、渗漏、玷污、标志不清等不良批注的提单
按运输方式的不同划分	直达提单	Direct B/L	货物从装货港装船后,中途不经转船直接运至目的港卸货的提单
	转船提单	Transshipment B/L	需要在中途港口换装其他船舶转运至目的港卸货的提单
	联运提单	Through B/L	货物需经两种或两种以上的运输方式来完成的提单
按提单内容的简繁划分	全式提单	Long Form B/L	正面和反面均印有条款的提单
	简式提单	Short Form B/L	没有背面条款的提单

4. 海上货物的运输费用

(1) 班轮运输费用。班轮运输费用简称班轮运价,是班轮公司为运输货物而向货主收取的费用,它包括货物从装运港至目的港的海上运费以及货物的装卸费。班轮运价由班轮运价表规定,包括基本运费和各种附加费。常见的班轮运价的计算标准有:

- 按货物的毛重计收。以一公吨为单位,称重量吨。
- 按货物的体积计收。以一立方米为单位,称尺码吨或体积吨。
- 按毛重或体积择高(W/M)计收。

国际贸易业务流程

- 按 FOB 价格(Ad Val)计收,又称从价运费。
- 按 W/M 或 Ad Val 择高计收。

班轮运价中还涉及附加费,常见的附加费有燃油附加费、港口拥挤附加费、货币贬值附加费等。

班轮运价的计算公式:

$$总运费 = 运输数量 × 单位基本运费 × (1 + 附加费率)$$

其中:

$$单位基本运费 = 计费标准 × 单位基本费率$$

例:出口箱装货物共 100 箱,报价为每箱 4000 美元 FOB 上海,基本费率为每运费吨 26 美元,以 W/M(毛重或体积)择高计收,每箱体积为 1.4 m ×1.3 m ×1.1 m,毛重为每箱 2 公吨,并加收燃油附加费 10% ,转船附加费 40% ,则总运费计算如下:

每箱体积 = 1.4 × 1.3 × 1.1 = 2.002(立方米),大于每箱毛重 2 公吨。

所以,按 W/M 计收时,应以体积为标准计算总运费。

则总运费 = 100 × 2.002 × 26 × (1 + 10% + 40%) = 7807.80(美元)。

(2)租船运费/租金。定程租船需支付运费,定期租船则支付租金,而光船租船除支付租金外还需要自己任命船长、配备船员、负责船员和船舶的给养。

二、铁路运输

铁路运输(Rail Transport)是我国外贸运输中仅次于海运的方式,具有运量大、安全可靠、准时等优点,主要有国际铁路货物联运和对港、澳铁路运输两种。

1. 国际铁路货物联运

国际铁路货物联运主要是根据《国际货约》与《国际货协》规定所进行的铁路运输。其主要特点有:

(1)跨国之间进行;运输范围局限在缔约国之间,涉及国家众多;

(2)优越性在于:手续简便、省时、风险小、费用低;

(3)运单(Waybill)有正、副本之分,一式五联,副本用于结算货款;

(4)运费:按运输里程和车型/次收取。

2. 对港铁路运输

对港铁路运输属于两段、两票的特殊运输。其主要特点有:

(1)运输过程:从内地始发站托运到深圳站,交由设在深圳的外贸运输机构接货,后由该机构会同香港的有关中资机构负责其后运输至收货人;

(2)运输要求:优质、适量、均衡、及时;

(3)使用单据:承运货物收据(Cargo Receipt),其具有和提单一样的法律效力;

(4)运输费用:内地段,人民币支付;港段,港币结算。

三、航空运输

航空运输(Air Transport)是一种现代化的运输方式,特别适合运送急需物资、鲜活商品、精密仪器和贵重物品。

- 国际空运货物的运输方式包括班机运输、包机运输、集中托运和桌到桌运输;
- 航空运输费用高,速度快,时间准;

- 承运人有航空公司和航空货运代理人两种形式；
- 空运单（AWB）不是物权凭证，不能流通转让，其形式有 MAWB（主运单）和 HAWB（分运单）等；
- 航空运费一般按 6000 立方厘米/366 立方英寸和 1 公斤比较后择高收取，货物不同运费率也不同。

四、集装箱运输

集装箱运输（Container Transport）是指将散件货物汇成一个运输单元（集装箱），使用船舶等运输工具进行运输的方式。集装箱是一种带有包装性质的而且能反复使用的运输设备，也叫货柜、货箱。

集装箱运输的优点在于：提高装卸效率，降低劳动强度；减少货损货差，保证货物运输安全；缩短货物在途时间；节省货物包装费用，理货手续简便；降低运输费用；有利于组织多种方式的联合运输。

五、联合运输

联合运输包括国际多式联运和大陆桥运输等。

1. 国际多式联运

国际多式联运（International Multimodal Transport）是指按多式联运合同以至少两种不同运输方式由多式联运经营人将货物从一国运往另一国指定地点交货的运输方式。

- 运输特点：四个"一"（即一份合同、一张多式联运单据、一个多式联运承运人、单一费率），两个"二"（至少两种不同运输方式、两个国家/地区之间进行）；
- 单据为多式联运单据（MTD），做成指示式抬头时可以具有物权凭证的效力；
- 承运人为多式联运经营人（MTO），他是事主，而不是发货人的代理人或参加多式联运的承运人的代理人，并负有履行合同的责任，他可以是实际承运人，也可以是无船承运人（NVOCC）；
- 可实现门到门的连贯运输。

2. 大陆桥运输

大陆桥运输（Land‐Bridge Transportation）是以集装箱为媒介，大陆上的铁路或公路为桥梁，将大陆两端的海洋运输连接起来形成的"海/陆/海"的运输方式。

世界主要的大陆桥运输路线有 SLB（西伯利亚大陆桥）、MLB（美国大陆桥）和新亚欧大陆桥等。

六、其他运输方式

国际货物除以上运输方式外，还有公路运输（Road Transportation）、内河运输（Inland Water Transportation）、邮包运输（Parcel Post Transport）和管道运输（Pipeline Transportation）等其他运输方式。

豁然开朗

张刚在比较了航空运输和海洋运输这两种运输方式后，回答主管：

采用 CIF 出口合同意味着我方出口报价含国际运费和国际保险费，虽然航空运输费用高于海洋运输，但运输速度远快于海运，如果采用航空运输多支出的费用低于所征收关税的费用，并且能消化海运和空运之间的差价，这种做法是可取的；反之则是不可取的。

【活动目标】

（1）了解海运提单的种类。

（2）会计算海运费。

【活动内容】

连连看：将不同性质的提单与其名称连线配对，并写出其英文名称。

（1）收货人栏内具体填写收货人名称的海运提单　　　　　（A）已装船提单

（2）收货人栏内填上"凭指示"或"凭某人指示"字样的海运提单　　（B）清洁提单

（3）货物装船后签发给托运人的海运提单　　　　　　　　（C）全式提单

（4）装船时货物外表状况良好的海运提单　　　　　　　　（D）指示提单

（5）正面和反面均印有条款的海运提单　　　　　　　　　（E）记名提单

案例分析：我国某公司出口箱装货物一批，报价为 CFR 利物浦每箱 35 美元，英国商人要求改报 FOB 价。该批货物的体积为 45 cm ×40 cm ×25 cm，每箱毛重为 35 公斤，商品计费标准为 W/M，基本运费为 120 美元/运费吨，并加收燃油附加费 20%、港口附加费 10%。则我方应如何报价？

知识拓展

一、国际贸易海洋运输中常见的提单类型

在国际贸易海洋运输实践中，通常要求的提单类型为：全套的、清洁的、已装船的、正本的、指示抬头的、标明运费预付/已付/到付的、全式的、直达的、船东签发的班轮提单。

二、班轮运输中的常见附加费用

- BAF　　　燃油附加费，大多数航线都有，但标准不一；
- SPS　　　上海港口附加费（船挂上港九区、十区）；
- FAF　　　燃油价调整附加费（日本航线专用）；
- YAS　　　日元升值附加费（日本航线专用）；
- GRI　　　综合费率上涨附加费，一般是南美航线、美国航线使用；
- DDC、IAC　直航附加费，美加航线使用；
- IFA　　　临时燃油附加费，某些航线临时使用；
- PTF　　　巴拿马运河附加费，美国航线、中南美航线使用；
- ORC　　　本地出口附加费，和 SPS 类似，一般在华南地区使用；
- EBS、EBA　部分航线燃油附加费的表示方式，EBS 一般是澳洲航线使用，EBA 一般是非洲航线、中南美航线使用；
- PCS　　　港口拥挤附加费，一般是以色列、印度某些港口及中南美航线使用；
- PSS　　　旺季附加费，大多数航线在运输旺季时可能临时使用；
- EPS　　　设备位置附加费；
- H/C　　　代理费；

● THC   码头操作费。

三、中欧班列

2011 年 3 月,首趟中欧班列从中国重庆发出开往德国杜伊斯堡,开启了中欧班列创新发展的序章。中欧班列是指按照固定车次、线路等条件开行,往来于中国与欧洲及"一带一路"沿线各国的集装箱国际铁路联运班列。中欧班列依托新亚欧大陆桥和西伯利亚大陆桥,形成了西、中、东三条中欧铁路运输通道。

中欧班列以其运距短、速度快、安全性高的特征,以及安全快捷、绿色环保、受自然环境影响小的优势,已经成为国际物流中陆路运输的骨干方式。中欧班列物流组织日趋成熟,班列沿途国家经贸交往日趋活跃,国家间铁路、口岸、海关等部门的合作日趋密切。

截至 2021 年底,中欧班列累计开行 4.9 万列,运输货物 443.2 万标箱,通达欧洲 23 个国家 180 个城市,物流服务网络覆盖亚欧大陆全境,成为沿线国家广泛认同的国际公共物流产品。尤其近年来,其载客量、运力和频率都呈爆炸式增长,中欧班列的新时代正在开始。中欧班列在"一带一路"倡议中,对于将"丝绸之路"从原先的"商贸路"变成产业和人口集聚的"经济带"起到重要作用。

☀ **观点集锦**

1. 航空运输一般按公斤计算,而海洋运输一般按公吨或立方米计算。

2. 在运费计算中应识记常用计量单位,如 M 表示按货物体积计算;W 表示按货物重量计算。

活动二   熟悉装运条款的主要内容

情景导入

上海顺风进出口有限公司出口 3000 公吨大豆,国外来证规定:不允许分批装运。结果我方在规定的期限内分别在大连、青岛和上海各装 1000 公吨于同一航次的同一船只上,提单上也注明了不同的装运港和不同的装船日期,张刚想:我方做法是否违约? 银行能否议付?

一、装运条款的主要内容

装运条款是国际货物买卖合同中的必备条款,其主要内容有运输方式、装运期、装运港与目的港、装运方式及装运通知。

二、装运期

1. 装运期的含义

装运期(Time of Shipment)指卖方在起运地点装运货物的期限,如装运合同当事人一方违反此项条件,另一方则有权要求赔偿,甚至可以撤销合同。

2. 装运期的规定方法

（1）规定明确具体的装运期。如规定"Shipment during/in Mar 20×1"（20×1 年 3 月发货）、"Shipment on or before APR，25"（在 4 月 25 日或 4 月 25 日之前装运）或"Shipment not later than ×××"（不晚于×××发货）等。

（2）规定收到信用证后若干天装运。例如"Shipment within 45 days after receipt of L/C"（收到信用证后 45 天内交货）。

（3）规定近期装运。较多见的有"迅速装运"（Prompt Shipment）、"立即装运"（Immediate Shipment）和"尽快装运"（Shipment ASAP）等。但这类装运方法容易引起误解,故国际商会修订的《跟单信用证统一惯例》规定,不应使用"迅速""立即""尽速"和类似的词语。如使用了这类词语,银行将不予理会。另外需要注意:实际业务中装运时间是按"星期"而不是按"日"来计算的。

三、装运港／目的港

1. 装运港／目的港的定义与规定

装运港（Port of Loading）指将货物装上船的地方。目的港（Port of Destination）指将货物卸离船舶的地方。

装运港或目的港的规定一般以一个为宜,装运港由卖方提出,买方确认;目的港由买方提出,卖方确认;大宗交易可订两个以上的港口供选择。

2. 选择目的港应注意的问题

在出口业务中,我方决定可否接受国外客户提出的目的港时,通常应注意以下问题:

（1）贯彻我国的有关政策,不得以我国政府不允许进行贸易往来的国家和地区的港口作为目的港。

（2）目的港必须是船舶可以安全停泊的港口,力求避免把正在进行战争或有政治动乱的地方作为目的港。

（3）对目的港的规定应明确具体,如有重名,应明确国别和所处方位。

四、装运方式

1. 分批装运

分批装运（Partial Shipment）是指一个合同项下的货物先后分若干期或若干批出运。具体分批次数主要受所运货物数量、市场具体需求、备货、运输等条件的影响。

分批装运的规定方法一般为两种。一种是只规定允许分批装运,但对时间、批次和每批的数量不作规定;另一种是在规定允许分批装运的同时,订立每批装运的时间和数量。

 小看板

《跟单信用证统一惯例600》第 31 条规定

　　如运输单据表明货物装同一运输工具并经同一路线运输并且目的地相同,即使运输单据注明了不同装运日和装运地,也不视为分批,但只要运输工具不同即构成分批;若信用证规定在指定的时间内分批装运,如其中任何一批未按约定时间装运,则该批和以后各批均告失效。

2. 转船或转运

转船或转运(Transshipment)指在装运港至卸货港的过程中从一种运输工具转移到另一运输工具或由一种运输方式转为另一运输方式的行为。

 小看板

《跟单信用证统一惯例600》第 19 条 b 款规定

转运限于从一条船卸下,重新装上另一船;银行接受注明"可能发生"或"将发生"转运字样的提单;如货物装集装箱或拖车或拉希型驳船,即使信用证禁止转运,银行也接受相应提单;银行对提单中标明承运人保留转运的权利的记载可不予置理。

五、装运通知

装运通知(Advice of Shipment)是在租船运送大宗进出口货物的情况下,在合同中约定的条款。在 FOB 条件下,买方应及时将船名、船期通知卖方,卖方装船后也应及时通知买方以便其办理保险手续。

技能活动

【活动目标】

(1)了解装运期的规定。

(2)熟悉分批装运。

【活动内容】

判断分析:下列有关装运期的规定方法,不合适的有哪些?

(1)Shipment in Mar. 20×1

(2)Shipment on or before July 28,20 ×1

(3)Shipment not later than Mar. 21,20 ×1

(4)Prompt Shipment

(5)Immediate Shipment

(6)Shipment ASAP

案例分析一:买卖双方按 CIF 条件和信用证支付方式达成一项买卖粮食的大宗交易,合同规定"1~5月份分批装运,每月装运 1 万公吨"。买方按合同规定开出了信用证,卖方在 1~2月份,每月装运 1 万公吨并提交了符合信用证要求的单据。3 月份卖方因故未按时装运,而延至 4 月 20 日才装运出口。根据以上事实,回答下列问题:

(1)卖方 1~2 月的交货能否安全收回货款?

(2)大宗货物通常使用什么运输方式运输?

（3）根据 UCP600 规定,关于卖方 4 月的交货说法正确的是(　　)。

A．只要在 4 月底前再发出 1 万公吨,就可算作 3、4 两月均按时交货

B．无需继续交货,即使继续交货也无法正常结汇

C．能否收汇不一定

D．只要单据合格,银行无权拒付

（4）根据 UCP600 规定,以下说法正确的是(　　)。

A．3、4、5 月均视为交货失败

B．只有 4、5 月视为交货失败

C．只有 3 月视为交货失败,4、5 月仍可交货

D．4、5 月交货后,只要单据合格银行就无权拒付

案例分析二：信用证中有关装运条款规定：900 M/T ×××,其中一等品 300 M/T,二等品 200 M/T,三等品 400 M/T。用木箱包装,货物等量分两批用不同船舶运输,第一批货物不晚于 4 月 30 日装运,第二批货物不迟于 5 月 15 日。分组讨论：我们对此应如何理解并履行?

知识拓展

一、UCP600 对有关时间规定的理解

（1）“在或大概在(on or about)”或类似用语将被视为规定事件发生在指定日期的前后五个日历日之间,起讫日期计算在内;

（2）“至(to)”“直至(until、till)”“从……开始(from)”及“在……之间(between)”等词用于确定发运日期时包含提及的日期,使用“在……之前(before)”及“在……之后(after)”时则不包含提及的日期;

（3）“从……开始(from)”及“在……之后(after)”等词用于确定到期日时不包含提及的日期;

（4）“前半月”及“后半月”分别指一个月的第一日到第十五日及第十六日到该月的最后一日,起讫日期计算在内;

（5）一个月的“开始(beginning)”“中间(middle)”及“末尾(end)”分别指第一到第十日、第十一日到第二十日及第二十一日到该月的最后一日,起讫日期计算在内。

二、UCP600 关于提单的规定

（1）提单,无论名称如何,必须载有：

1）表明承运人名称,并由承运人或其具名代理人,或者船长或其具名代理人签署;

2）通过预先印就的文字,或已装船批注注明货物的装运日期;表明货物已在信用证规定的装货港装上具名船只;

3）表明货物从信用证规定的装货港发运至卸货港;

4）为唯一的正本提单,或如果以多份正本出具,为提单中表明的全套正本;

5）载有承运条款和条件,或提示承运条款和条件参见别处(简式/背面空白的提单);

6）未表明受租船合同约束。

（2）提单可以表明货物将要或可能被转运,只要全程运输由同一提单涵盖;即使信用证禁止转运,注明将要或可能发生转运的提单仍可接受,只要其表明货物由集装箱、拖车或子船运输。

（3）提单中声明承运人保留转运权利的条款将被不予理会。

☀ **观点集锦**

1. 装运期的规定应明确具体。
2. 分批装运或转运一定要在合同中注明。

活动三　认识国际货物运输保险

情景导入

上海顺风进出口有限公司有一批货物已投保了平安险,载运该批货物的海轮于5月3日在海面遇到暴风雨的袭击,使该批货物受到部分水渍,损失1000美元。该货轮在继续航行中,又于5月8日发生触礁事故,又使该批货物损失3000美元。张刚不清楚保险公司对此应如何赔偿。

国际贸易货物运输路线长,在途中会遇到各种突发事故而导致货物受损,为了减少损失,买卖双方往往要办理货物运输保险,以便货物在运输、装卸和存储过程中受到损失时,可以从保险公司得到经济上的补偿。国际贸易中保险条款的主要内容包括投保金额、投保险别、保险费、保险单证和保险适用条款等。按运输方式不同,国际贸易货物运输保险分为四类:海洋运输货物保险、陆上运输货物保险、航空运输货物保险和邮包保险。

由于海洋运输是国际贸易中的主要运输方式,所以在此主要介绍海洋运输货物保险。

一、海洋运输货物保险

1. 承保范围

海洋运输货物保险的承保范围主要是海上风险、海上损失及相关费用。

（1）海上风险类别。

表4-2　海上风险类别

海上风险类别	性　质	内　　涵
海上风险	自然灾害	由自然界外力造成的、不以人的意志为转移的、不可挽回的损失。如雷电、海啸、洪水、地震、恶劣气候等
	意外事故	是指外来的、突然的、意料之外的事件造成的损失。如船舶搁浅、触礁、沉没、失火、爆炸等
外来风险	一般外来风险	如生锈、串味、雨淋、碰损、偷盗、渗漏、受潮、受热等
	特殊外来风险	如战争、罢工、货物拒收等

国际贸易业务流程

（2）海上损失类别。

表4-3　海上损失类别

海上损失类别	性　质	内涵及特征
全部损失	实际全损	是指被保险货物由于承保风险造成的完全灭失或已失去使用价值或失去原有用途
	推定全损	是指被保险货物发生事故后，实际全损已经不可避免，或为了避免发生实际全损所需支付的费用与继续将货物运抵目的地的费用之和超过保险价值
部分损失	共同海损	是指在同一海上航程中，船、货和其他财产遇到共同危险，为尽量减少损失，船方有意地采取了合理措施所做出的特殊牺牲或支付的额外费用。共同海损的牺牲和费用是船、货方共同面临的损失，其损失由受益各方按受益比例来分摊
	单独海损	是指被保险货物遭遇风险后，其损失未达到全损的程度，且不属于共同海损的部分损失。单独海损是货方单独面临的损失，由受损方独自承担

（3）海上费用类别。

表4-4　海上费用类别

海上费用类别	内涵及特征
施救费用	是指被保险货物在遭遇承保范围内的灾害事故时，被保险人或其他代理人为抢救被保险货物，防止损失继续扩大所支出的合理费用。该费用属于单独海损费用，由保险公司负责赔偿
救助费用	是指被保险货物在遭受承保范围内的灾害事故时，由保险人和被保险人以外的无契约关系的第三人采取救助措施且获救成功，被救方向施救方支付的费用。该费用往往属于共同海损费用

2. 保险险别

保险险别是保险人对风险和损失的承保责任范围。在我国，进出口货物运输保险最常用的保险条款是《中国保险条款》（CIC）。按照其中的《海洋运输货物保险条款》规定，海洋运输货物保险可分为基本险和附加险两大类。基本险别分为平安险、水渍险和一切险三种。附加险有一般附加险和特殊附加险两种。需要注意的是，投保人只能在投保一种基本险的基础上才能加保一种或数种附加险。

（1）基本险别

● 平安险（FPA）承保的范围主要包括：被保险货物在运输途中由于恶劣气候、雷电、海啸、地震、洪水等自然灾害造成整批货物的全部损失或推定全损；由于运输工具遭受搁浅、触礁、沉没、互撞、与流冰或其他物体碰撞以及失火、爆炸等意外事故造成货物的全部或部分损失；在运输工具已经发生搁浅、触礁、沉没、焚毁意外事故的情况下，货物在此前后又在海上遭受恶劣气候、雷电、海啸等自然灾害所造成的部分损失；在装卸或转运时由于一件或数件整件货物落海造成的全部或部分损失；施救费用、救助费用和共同海损的牺牲、分摊。

● 水渍险（WPA 或 WA）除包括平安险的各项责任外，还负责被保险货物由于恶劣气候、雷电、海啸、地震、洪水等自然灾害所造成的部分损失。

水渍险 = 平安险 + 自然灾害所造成的部分损失

● 一切险(ALL RISKS)则在平安险和水渍险基础上,保险公司还负责被保险货物在运输途中由于一般外来原因所致的被保险货物的全部或部分损失,但不包括特别附加险和特殊附加险。

一切险 = 水渍险 + 一般外来原因造成的损失

(2)附加险。

● 一般附加险与一般外来风险相对应,主要有偷窃提货不着险、淡水雨淋险、渗漏险、短量险、钩损险、混杂沾污险、碰损破碎险、锈损险、串味险、受潮受热险和包装破裂险等。

● 特别附加险与特殊外来风险基本对应,主要有战争险、罢工险、黄曲霉素险、交货不到险、舱面险、进口关税险、拒收险等。

3. 除外责任

除外责任是保险公司明确规定的不给予承保的损失和费用。上述险别保险公司都规定有除外责任。

> ### 豁然开朗
>
> 张刚在阅读了我国海洋运输货物保险的相关知识后,分析如下:
>
> 我公司投保了平安险,所以保险公司对因触礁造成的3000美元的损失应该赔偿,因暴风雨袭击造成的1000美元损失,如果是由雨水造成则保险公司不予赔偿,如果是由海水造成则应予以赔偿。

二、其他运输方式下的货运保险险别

陆运货物保险的基本险别有陆运险和陆运一切险。附加险有陆上运输货物战争险(火车)。

空运货物保险的基本险别有航空运输险和航空运输一切险。附加险有航空运输货物战争险。

邮包运输保险的基本险别有邮包险和邮包一切险。附加险有邮包战争险。

值得注意的是,除战争险外,海洋运输货物保险中的一般附加险和特殊附加险险别和条款均可适用于陆、空、邮包运输货物保险。

三、货物运输保险的业务流程

选择保险险别 → 确定保险金额 → 交付保险费 → 取得保险单据 → 保险索赔

图4-1　货物运输保险业务流程图

1. 选择保险险别

投保人应从货物的性质和特点、货物的包装、运输路线和船舶停靠港口、运输季节等方面进行考虑以确定应投险别,不管什么货物都投保一切险的做法是不可取的。不同术语条件下投保人不同,FOB/FCA 和 CFR/CPT 条件下由买方办理,CIF/CIP 条件下由卖方负责。

2. 确定保险金额

（1）出口货物的保险金额计算

在实践中，出口保险金额一般以 CIF 价或 CIP 价为基础加一成，投保加成率一般采用 10% 。计算公式如下：

$$保险金额 = CIF 价或 CIP 价 × （ 1 + 投保加成率）$$

（2）进口货物的保险金额计算

我国进口货物多采用 FOB 或 FCA 条件成交，因此进口保险金额计算公式如下：

$$保险金额 = FOB 价或 FCA 价 × （ 1 + 平均运费率 + 特约保险费率）$$

3. 交付保险费

$$保险费 = 保险金额 × 保险费率$$

例：某货主在货物装船前，按发票金额的 110% 办理了货物投保手续，投保一切险加战争险。该批货物以 CIF 成交的总价值为 20.75 万美元，一切险和战争险的保险费率合计为 0.6% 。若发生了保险公司承保范围内的损失，导致货物全部灭失，则该货主能从保险公司获得的最高赔偿金额（即保险金额）是多少？他应交纳的保险费是多少？

具体计算如下：

$$保险金额 = CIF 价格 × （ 1 + 投保加成率 ） = 207500 × （ 1 + 10\% ） = 228250.00 （ 美元 ）$$

$$保险费 = 保险金额 × 保险费率 = 228250 × 0.6\% = 1369.50 （ 美元 ）$$

4. 取得保险单据

投保人根据合同/信用证规定的条件进行投保，在确认保单和交纳保费后，便可取得保单。常见的保险单据主要有保险单和保险凭证。其中：

保险单俗称"大保单"，它是保险人和被保险人之间成立保险合同关系的正式凭证，内容详细，是索赔、理赔的主要依据，可转让，是押汇的单证之一，CIF 下卖方必须向买方提供。

保险凭证俗称"小保单"，与保险单具有同等的效力，通常无背面条款。

预约保单是被保险人（一般为进口人）与保险人之间订立的总合同，因此主要适用于进口货物的保险。凡属预约保单规定范围内的进口货物，一经起运，保险公司即自动按预约保单所订立的条件承保，简化了保险手续，使得货物一经装运即可取得保障。

5. 保险索赔

若遭遇损失，投保人应及时发出损失通知，采取合理的施救措施。在提出保险赔偿要求时，一定要备妥索赔单证。

技能活动

【活动目标】

（1）了解单独海损与共同海损的区别。

（2）会计算保险费。

【活动内容】

案例分析一：一条载货船从青岛港出发驶往日本，在航行途中货船起火，大火蔓延到机舱。船长为了船货的共同安全,命令采取紧急措施,往舱中浇水灭火。火扑灭后,由于主机受损,无法继续航行。船长雇用拖轮将货船拖回青岛修理,检修后重新将货物运往日本。事后经调查,此次事件造成的损失有如下几项:①500箱货物被火烧毁;②1500箱货物因灌水灭火受到损失;③主机和部分甲板被烧坏;④雇用拖船费用;⑤额外增加的燃料和船长、船员工资。

以上各项损失,哪些属共同海损,哪些属单独海损?

案例分析二: 卖方出口一批体育用品,成交价为CIF目的港USD20000,卖方与买方在买卖合同中未特别约定货物运输保险事项,卖方在中国人保(PICC)依据其海洋运输保险条款投保货物一切险,并附加战争险,保险费率分别为0.8%、0.6%,试分别计算并分析以下事项:

(1)卖方依据保险惯例应如何确定货物的保险金额?

(2)该批货物的保险金额是多少?

(3)卖方应交纳多少保险费?

案例分析三: 某远洋运输公司的"长阳轮"在6月28日满载货物起航,出公海后由于风浪过大偏离航线而触礁,船底划开长2米的裂缝,海水不断渗入。为了船货的共同安全,船长下令抛掉A舱的所有钢材并及时组织人员堵塞裂缝,但无效果。为使船舶能继续航行,船长请来拯救队施救,共支出5万美元施救费。船修好后继续航行,不久又遇恶劣气候,入侵海水使B舱底层货物严重受损,甲板上的2000箱货物也被风浪卷入海里。分组讨论:以上损失各属什么性质的损失?投保何种险别的情况下保险公司应给予赔偿?

知识拓展

一、伦敦保险协会海运货物保险条款

在国际贸易保险实践中,英国伦敦保险协会制定的"协会货物险条款"(简称ICC)有着广泛影响。伦敦保险协会将保险险别划分为六种,包括:

协会货物条款A—ICC(A);

协会货物条款B—ICC(B);

协会货物条款C—ICC(C);

协会战争险条;

协会罢工险条款;

恶意损害险条款。

其中只有恶意损害险是附加险;另ICC(A)险类似于我国的一切险,采用"一切风险减除外责任"的规定方法;ICC(B)险类似于我国的水渍险,采用承保"除外责任"之外列明风险的办法;ICC(C)险类似于我国的平安险,仅承保"重大意外事故"的风险;英国的战争险和罢工险在必要的情况下可以单独投保;保险责任期间的规定与我国规定完全相同。

二、仓至仓条款

仓至仓条款(Warehouse to Warehouse Clause, W/W Clause)即保险公司的保险责任自被保险货物运离保险单所载明的起运地仓库或储存处所开始运输时生效,包括正常运输过程中的海上、陆上、内河和驳船运输在内,直至该项货物到达保险单所载明目的地收货人的最

后仓库或储存处所或被保险人用作分配、分派或非正常运输的其他储存处所为止。与国际保险市场的习惯做法一样,我国的海洋运输货物保险条款规定的保险责任起讫期限,也是采用仓至仓条款。

三、订立保险条款应注意的问题

- 保险条款与贸易术语有必然联系,在订立保险条款时应注意贸易术语不同,保险条款的订立方法也不同。在 FOB、FCA、CFR、CPT 术语下,由买方办理保险手续和支付保险费用。在 CIF、CIP 术语下,由卖方办理保险手续和支付保险费;
  - 合同中应明确保险条款的适用性,即按 CIC 条款还是按 ICC 条款;
  - 应写明保险险别;
  - 应注明保险费计算时采用的投保加成率;
  - 应明确保险单据的形式。

> ☀ **观点集锦**
> 1. CIC 和 ICC 是两个既有联系又有区别的常用国际货物保险条款。
> 2. 基本险可以单独投保,附加险必须在某一种基本险基础上再投保。

任务二　解读商品检验与索赔

国际贸易中买卖双方相隔遥远,很难面对面交货,需要有第三方对货物进行公正地鉴定和检验检疫。货物检验是一国对外贸易活动中的重要组成部分,是买卖合同中的重要内容之一,是买卖双方办理结算及提出索赔或理赔的依据,是国家实施对进出口商品品质管制的重要手段。同时,国际贸易涉及面广,业务环节多,任何一个环节发生意外或出错,都可能导致当事人之间发生争议,引发索赔和理赔,此时必须采用合适的办法加以解决,以便于进出口贸易的顺利进行。

活动一　认识商品检验检疫条款

情景导入

上海顺风进出口有限公司以 CIF 价格合同向泰国曼谷商人出口某商品 5000 件,信用证(L/C)付款,合同中检验条款规定:"以出口国商品检验局出具的检验证书作为卖方议付的依据,货到目的港后,买方有权对商品进行复验,复验结果作为买方索赔的依据。"我方装运、制单、交单、办理了结汇手续后,收到了买方因货物质量与合同不符而向我方索赔的通知和目的港检验机构出具的检验证明。张刚的同事认为交易已结束,责任由买方自负。但张刚有不同的看法。

在国际货物买卖中,检验条款的主要内容包括检验机构、检验权与复验权、检验与复验的时间与地点、检验标准与方法及检验证书等。

一、商品检验检疫的含义

商品检验检疫是指由商品检验机关对进出口商品的品质、数量、重量、包装、标记、产地、卫生、安全、残损、装运条件等进行检验并对涉及人、动物、植物的传染病、病虫害、疫情等进行检疫,并出具检验检疫证书,确定商品是否符合买卖合同条款及买卖双方所处国家的法律法规规定的工作。

二、商品检验的范围

1. 法定检验

法定检验是指国家出入境检验检疫部门根据国家法律法规的规定,对指定的重要进出口商品或有关的检验检疫事项进行强制性的检验检疫。凡属法定检验范围的商品,由海关凭合格的检验证书验收放行。无检验证书或检验不合格的,一律不准进口、出口。

2. 公证鉴定

公证鉴定是指商检机构根据进出口贸易关系人(进口商、出口商、承运人、保险人等)的申请或外国检验机构的委托而办理的对商品的鉴定工作,鉴定的范围包括商品的品质、数量、重量、包装、残损、装运技术条件、价值、产地证明等。

三、商品检验检疫机构

在国际贸易中,商品检验检疫机构有官方检验机构、产品的生产或使用部门设立的检验机构、私人或同业协会开设的公证或鉴定行等。

● 国际检验检疫机构。常见的有美国食品药品管理局(FDA)、美国粮谷检验署(FGES)、瑞士日内瓦通用鉴定公司(SGS)和日本海事鉴定协会(NKKK)等。

● 我国检验检疫机构。国家层面的主要有隶属于海关和各出入境检验检疫部门。第三方检验机构主要有中国检验认证(集团)有限公司(CCIC)。

四、商品检验时间和地点

在出口国检验,包括产地检验和装运港检验两种。发货前,由卖方检验人员会同买方检验人员对货物进行检验,卖方只对商品离开产地前的品质负责。离开产地后运输途中的风险,由买方负责,对卖方有利。

在进口国检验,包括目的港检验和买方营业处所(最终用户所在地)检验两种。使用这种方法,卖方须承担货物品质及数量责任,对卖方不利。

出口国检验,进口国复验。运前的检验证书作为卖方收取货款的出口单据之一,但货到目的地后,如经双方认可的商检机构复验后,发现货物与合同规定不符,且断定是卖方责任,则买方可在规定时间内向卖方提出异议和索赔,甚至拒收货物。这种方法折中调和了买卖双方的分歧,对双方都比较公平合理,在国际贸易中较常见。

张刚平时注意知识积累,他很快意识到:

同事的观点不正确。因为有关合同检验条款的规定说明,出口地的检验结果只能用于议付,买方可以进行复验,并根据目的地的检验结果就质量问题向我方要求索赔。

五、检验证书

为了保护环境以及人类和动植物的安全,各国都会根据本国法律、国际准则、合同或信用证等依法对出入境的运输工具、人员和物品进行检验检疫,并根据不同的检验结果签发各种检验证书(Inspection Certificate)。这类证书很多,证书中所列的内容必须完整、准确、清晰,不得涂改。证书由报验人和检验检疫机构共同缮制完成。

1. 检验证书的作用

(1)检验证书可以证明卖方所交货物的品质、重量(数量)、包装以及卫生条件等是否符合合同的规定;

(2)检验证书是卖方向银行议付货款的单据之一;

(3)检验证书是海关通关验放货物的有效证件;

(4)检验证书是买方对货物品质、重量(数量)、包装等条件提出异议,拒收货物或对外索赔的依据。

2. 检验证书的种类

(1)品质检验证书(Inspection Certificate of Quality);

(2)重量检验证书(Inspection Certificate of Weight);

(3)数量检验证书(Inspection Certificate of Quantity);

(4)兽医检验证书(Veterinary Inspection Certificate);

(5)卫生检验证书(Inspection Certificate of Health);

(6)消毒检验证书(Disinfection Inspection Certificate);

(7)产地检验证书(Inspection Certificate of Origin);

(8)价值检验证书(Inspection Certificate of Value);

(9)验残检验证书(Inspection Certificate on Damaged Cargo);

(10)包装检验证书(Inspection Certificate of Packing)。

除非信用证另有规定,检验检疫证明书的名称应与合同或信用证规定相符。

六、订立商品检验检疫条款应注意的问题

第一,应结合贸易术语、商品特性、买卖双方所处地的商品检验检疫法律法规和检验条件等因素来订立商品检验的地点和时间;

第二,应合理约定商品检验的检验权与复验权;

第三,应明确合理的检验标准和检验方法;

第四,应明确所选择的合法的检验机构;

第五,应明确需出具的检验证书的名称和份数。

技能活动

【活动目标】

能用合同检验条款的相关内容进行国际货物买卖案例的初步分析。

【活动内容】

案例分析一：我国某公司从外国某公司进口货物，交易条件为 CIF 上海，货物于 20×× 年 10 月 1 日到达上海，货到后我公司未经检验，直接用火车将货物运至 A 市。两个月后，国内用户发现货物严重受损，无法使用。我公司以货物包装不当为由要求外国公司赔偿，并提交了 A 市检验机构的检验证书，但遭到外国公司拒绝，我公司提起仲裁。分组讨论：我公司该行为能否得到支持？如果该货物规定了产品保质期，则情况会如何？

案例分析二：我国 A 公司向新加坡 B 公司以 CIF 新加坡的条件出口一批土特产，B 公司又将该批货物转卖给马来西亚 C 公司。该批土特产到新加坡后，B 公司发现货物有质量问题，但 B 公司仍将原货转销至马来西亚。其后，B 公司在合同规定的索赔期限内凭马来西亚商检机构签发的检验证书向 A 公司提出退货要求。分组讨论：A 公司应如何应对？

知识拓展

一、我国出入境检验检疫工作的法律依据

（1）《中华人民共和国进出口商品检验法》（简称《商检法》）和《中华人民共和国进出口商品检验法实施条例》（简称《商检法实施条例》）；

（2）《中华人民共和国进出境动植物检疫法》（简称《动植物检疫法》）和《中华人民共和国进出境动植物检疫法实施条例》（简称《动植物检疫法实施条例》）；

（3）《中华人民共和国国境卫生检疫法》（简称《国境卫生检疫法》）和《中华人民共和国国境卫生检疫法实施细则》（简称《国境卫生检疫法实施细则》）；

（4）《中华人民共和国食品安全法》。

二、我国进出口商品实施法定检验检疫的范围

国家出入境检验检疫部门对以下商品实施法定检验：

（1）列入《检验检疫机构实施检验检疫的进出境商品目录》（简称《检验检疫商品目录》）的商品；

（2）进出口食品的卫生检验；

（3）危险货物的包装容器、运输设备和工具的安全技术条件的性能和使用鉴定；

（4）装运易腐烂变质食品、冷冻品的船舱、货仓、车厢和集装箱等运载工具的适载检验；

（5）对有关国际条约规定须经检验检疫机构实施的进出口商品的检验检疫；

（6）国家其他有关法律、法规规定须经检验检疫机构检验的进出口商品的检验检疫。

三、商品质量认证

商品质量认证是一项技术工作，是技术职能部门对商品市场进行监督和社会化评价的重要手段。通过商品质量认证能确定产品质量状态，确保商品以质定价进行贸易，有利

于企业不断地完善自身管理体系,更新产品。开展商品质量认证是目前国际上的通行做法。

商品质量认证的种类见表 4-5 所示。

表 4-5　商品质量认证种类

认证 性质	认证品种	相 关 内 容
国际 认证	ISO 认证	在 ISO 认证中,ISO9000 系列(质量管理和质量保证标准)认证是最畅销的认证
	IEC 认证	内容有 IECQ(电子元器件质量评定体系)和 IECEE(电工产品安全认证组织)
区域性 认证	CE 认证	用以证明电气设备产品符合指令规定的安全合格标志。按欧盟规定,凡进入欧盟市场的工业产品,须经指定的认可机构进行安全性能检验合格后,加贴 CE 标志,才能进入欧盟市场
国家 认证	UL 认证	UL 是美国民间的检验机构。美国进口商或外国厂商销往美国市场的相关类别产品都要向 UL 申请认证检验。UL 检测的产品有六类:电器,防火设备,防盗和信号装置,防止灾害和化学性的危害的设备,采暖、制冷和空调设备,水上用品
	CSA 标志	凡在加拿大销售的电气设备必须经 CSA 试验及证明
	BSI 认证	BSI 是英国认证机构委员会认可的民间认证机构。认证的产品范围是:机械、电子、电工、化工、建筑、纺织等。产品认证标志有风筝标志和安全标志

☀ 观点集锦

1. 若买方没有利用合理的机会检验货物,则意味着自动放弃检验货物的权利,也会丧失拒收货物的权利。

2. 国际上有各种检验检疫机构,在具体交易中应选择符合实际和要求的机构。

活动二　了解国际贸易索赔与仲裁

情景导入

在 FOB 下,上海顺风进出口有限公司从国外进口食品 100 箱,投保一切险,在我方派船去装运港途中,由于出口国加强港口管理,所以必须绕航。待货物到目的地时货物已到保质期。我方凭清洁提单提货。经验收发现:(1)货物细菌超过我国标准;(2)所交货物只有 98 箱,缺少 2 箱;(3)1 箱外表良好,但箱内重量不足,少 10 公斤。主管问张刚:对此我方应如何索赔?

在国际贸易业务中,当交易的一方认为另一方未能全部或部分履行合同规定的责任时,就会引起业务纠纷,即对责任方是否构成违约会发生争议。为了维护双方的权利和义务,在买卖合同中一般都订有索赔条款、不可抗力条款和仲裁条款,以利解决买卖双方的争议。

一、违约概述

1. 违约的含义

违约是指合同当事人一方不履行合同义务或者履行合同义务不符合约定的行为。该行为会导致双方发生争议,会给守约方造成经济损失,违约方应承担违约责任。

2. 产生违约的主要原因

产生违约的主要原因有:违约方的故意行为;违约方的疏忽、过失或业务不熟;合同条款订立欠妥,使双方理解不一致。

3. 违约的分类与违约后果

不同国家的法律对违约的划分不同,对违约后果的规定也不同(见表4-6)。

表4-6 违约的种类与违约后果

分类依据	违约类别	内 涵	违约后果
美国法律	重大违约	一方违约,致使另一方无法获得该项交易的主要利益	受害方有权主张解除合同,并要求损害赔偿
	轻微违约	一方违约,没有影响另一方在交易中取得主要利益	受害方只能要求损害赔偿,但不能解除合同
	违反要件	是指违反合同中主要条款,如货物数量、品质等不符合合同规定或不按时交货	受害方有权主张解除合同,并要求损害赔偿
	违反担保	是指违反合同的次要条款	受害方只能要求损害赔偿,但不能解除合同
《联合国国际货物销售合同公约》	根本性违约	一方违反合同的结果,如使另一方蒙受损害,以至于剥夺了其根据合同规定有权期待得到的东西	受害方有权宣告合同无效,并要求损害赔偿
	非根本性违约	一方违约,并未使受害方达到根本违约所造成的程度	受害方只能要求损害赔偿,但不能宣告合同无效
《中华人民共和国合同法》	违 约	是指当事人一方不履行合同义务或者履行合同义务不符合约定的行为	受害方可以要求违约方承担继续履行或采取补救措施或支付违约金或支付赔偿损失或支付定金等违约责任,也可以提出解除合同

二、买卖合同中的异议与索赔条款

索赔(Claim)是指受损方向违约方提出损害赔偿要求的行为。理赔(Settlement)是指违约方受理受损方提出赔偿要求的行为。可见,索赔和理赔是一个问题的两个方面。

在实践中,买卖双方索赔和理赔工作一般按买卖合同中的索赔条款进行。买卖合同中索赔条款主要有异议与索赔条款和罚金条款两种。其中,异议与索赔条款的主要内容一般包括索赔依据、索赔期限、索赔金额及索赔处理方法等。

1. 索赔依据

索赔依据有法律依据和事实依据两种。其中,法律依据指各国法律对违约的规定(见表

国际贸易业务流程

4-6）；事实依据指违约的事实真相、情节及其书面证明（必须是权威机构出具的证据），如果证据不全、不足、不清，或出证机构不符合规定，都可能遭到对方的拒赔。

2. 索赔期限

索赔期限指索赔方向违约方提出索赔要求的有效期限。索赔期限有约定（在买卖合同中具体规定）和法定（如《公约》规定的索赔期限为收到货物之日起 2 年）之分，约定期限的效力高于法定期限，超过索赔期限，就丧失了要求赔偿损失的权利。

在合同中，索赔期限的起算时间，常见的规定方法有"货物到达目的港后……天算起"；"货物经检验后……天算起"；"货物到达目的港卸离海轮后……天算起"；"货物到达营业所或用户处所后……天算起"；等等。

3. 索赔金额

在实践中，索赔金额的计算原则是合同约定的按约定方法计算，合同中未约定的通常按《公约》的规定计算。

《公约》确定损害赔偿的原则为：

● 赔偿金额应与因违约而遭受的包括利润在内的损失额相等；

● 赔偿金额应以违约方在订立合同时可预料的合理损失为限；

● 由于受害一方未采取合理措施，使有可能减轻的损失而未减轻的，应在赔偿金额中扣除。

4. 索赔处理方法

处理索赔时需弄清事实，分清责任，落实索赔内容。赔偿内容一般有：请求赔偿损失；请求补运（货物短少或短交时补运）；请求调换（货物的品质不符或规格不符时调换）；请求修理（机器发生故障或损坏时修理）；请求减价或折让（如交货延迟、品质不佳时减价或贬值折让）；拒收货物请求退还货款，并赔偿损失。

处理索赔的方法有和解、调解、仲裁或诉讼。其步骤是：先进行和解，和解不成调解，调解不成仲裁，仲裁不成诉讼。

> **豁然开朗**
>
> 在一系列问题前，张刚不慌不忙，凭借着扎实的基础，他回答说：
> 我方根据合同和相关法规可依次向保险公司、船公司和卖方进行索赔。

三、不可抗力

1. 不可抗力的含义

不可抗力（Force Majeure）是指在合同签订后，发生了当事人不能预见和预防，又无法避免和克服的意外事故，以致合同当事人不能履行或不能如期履行合同的事件。遭受不可抗力的一方，可以免除履行合同的责任或延期履行合同。

2. 不可抗力事件的认定条件

（1）时间性。事件在合同成立后发生。

（2）无过失或无故意性。事件发生不是任何一方当事人的故意或过失造成的。

（3）不可抗拒性。事件发生及其造成的后果是当事人无法预见、无法避免和不能克服的。

3. 不可抗力事件的范围

不可抗力事件的范围较广,包括自然力量(如水灾、火灾、暴风雨、大雪、雷电、地震等)引起的和社会或政治力量(如战争、罢工、政府禁止有关商品的进出口等)引起的意外事故。买卖双方可自行商量哪些事故可以列入合同的不可抗力条款。但不能错误地认为所有的自然力量与社会政治力量引起的事件都属于不可抗力事件。

4. 不可抗力事件的后果

根据实际情况,不可抗力事件的后果有两种,即解除合同和变更合同。当不可抗力导致合同无法全部履行,如一场大火把厂房全部烧毁,致使产品无法生产,也无法从其他途径获得货源时,即可解除合同;当不可抗力导致合同部分无法履行,如洪水将一部分商品损坏,并不可能在交货期内补救时,则只能变更合同。

四、买卖合同中仲裁条款的主要内容

仲裁(Arbitration)又称公断,是指买卖双方达成协议,在双方发生争议时,自愿将有关争议提交给双方同意的仲裁机构进行裁决,裁决的结果对双方都有约束力,双方必须遵照执行。仲裁具有程序简单、处理及时、费用低廉、保密性和终局性等优点。在买卖合同中仲裁条款的主要内容包括仲裁机构、仲裁程序规则、仲裁地点、裁决效力及仲裁费用等。

1. 仲裁机构

国际贸易中,仲裁绝大多数是在常设机构进行的。我国常设的仲裁机构目前有中国国际经济贸易仲裁委员会(CIETAC)和中国海事仲裁委员会;外国常设仲裁机构有法国巴黎国际商会仲裁院(ICC Court of Arbitration)、英国伦敦仲裁院(LCA)、美国仲裁协会(AAA)等。

2. 仲裁地点

仲裁地点由买卖双方在磋商时订立。我国进出口贸易合同中的仲裁地点,一般有三种:规定在我国仲裁;规定在对方所在国仲裁;规定在双方认同的第三者国仲裁。

3. 仲裁裁决的效力

仲裁是终局性的,一经做出,对双方当事人都具有法律效力,必须依照执行。

技能活动

【活动目标】

(1)了解违约后果的法律规定。

(2)了解不可抗力事件的确认条件。

(3)熟悉索赔依据和处理方法。

(4)能利用违约、索赔等相关知识进行案例的初步分析。

【活动内容】

案例分析一: 我国南方某公司与外商订立三份大米买卖合同,货物名称分别为"某省当年产大米""存在某仓库的大米"和"中国大米",后来该省发生特大洪涝灾害,当年稻谷无收成。分组讨论:该公司与外商订立所签的三份合同该如何处理?

案例分析二: 某进口商从欧洲进口一批碳制品。双方采用的是CFR价格,保险由我方在国内向中国人民保险公司投保了CIC平安险。货物采用集装箱运输,有清洁提单。但货物到达我方后,开箱检验,发现有较多碳制品破裂或碰损。分组讨论:我方应向供货方、船公司还是保险公司提出索赔要求?是否均要商检局的检验证明?面对繁琐的退货或索赔手续,如果损失不大,是不是放弃索赔为好?

知识拓展

一、罚金条款

罚金条款又称违约金条款,一般是预先在合同中规定罚金的百分比。该条款一般在连续分批交货的大宗货物买卖合同和机械设备一类商品的合同中订立。适用于卖方延期交货、买方延期接货、买方延迟开立信用证等情况。罚金具有惩罚性和补偿性。

二、索赔对象

在国际贸易中,根据损失的原因和责任的不同,索赔时应正确确定索赔的对象。

(1)属于合同当事人的责任造成的损失,向买、卖方索赔;

(2)属于承运人原因造成的货损应向承运人索赔;

(3)属于承保范围内的货物损失应向保险人索赔。

三、争议产生的原因

(1)卖方不交货,或未按合同规定的时间、品质、数量、包装条款等交货,或单证不符等;

(2)买方不开或缓开信用证,在 FOB 条件下不按时派船接货,不付款或无理拒收货物等;

(3)合同条款的规定欠明确,对买卖双方国家的法律或对国际贸易惯例的解释不一致;

(4)在履行合同过程中遇到了某种不可抗力,双方有不一致的解释等。

> ☀ **观点集锦**
>
> 1. 应在规定的索赔期限内向应承担责任的人提出恰当的索赔要求。
>
> 2. 并非所有因自然和社会原因造成的当事人不能履约的情形都可以视为不可抗力,而且发生了不可抗力后,免责也不是唯一结果。
>
> 3. 不管在争议发生前还是争议发生后订立仲裁协议对买卖双方都很重要。
>
> 4. 必须依据事先订立的仲裁条款或事后提交的仲裁协议进行仲裁。

★★★★★ **项目回顾** ★★★★★

本项目介绍了国际贸易中常用的运输方式、装运条款的主要内容、进出口货物在运输途中常会遇到的各种风险、保险条款的主要内容、商品检验规定、违约后果、索赔条款的主要内容、不可抗力条款的主要内容和仲裁条款的主要内容。在国际货物买卖中,能辨别不同运输方式,读懂装运条款、保险条款和检验条款的基本内容,如果发生不可抗力、争议、索赔等情况时,能知道相应的解决方法。

项目五　解读支付结算

【学习目标】

　　了解汇付、托收、信用证的当事人及其基本流程；能比较跟单托收三种方式的区别；熟悉信用证的特点、当事人和作用；熟悉信用证业务的基本操作方法。

任务一　熟悉汇付与托收

在国际贸易中,支付条款是买卖合同中的一个重要组成部分,直接关系到买卖双方的切身利益,也是贸易双方在磋商交易过程中的重点。订立支付条款和办理支付结算,不仅牵涉到使用的货币和具体的结算方法,还要涉及不同国家的有关法律、国际惯例和银行习惯等。实践中,汇付和托收是两种常用国际贸易结算方式。

活动一　熟悉汇付方式

情景导入

上海顺风进出口有限公司与美国 BURUN TRADING COMPANY 于 20×1 年 3 月 10 日签订了进口买卖合同,张刚从出口业务部被抽调出来专门协助胡经理做进口业务,本次我方购买的货物为 20000 台微波炉,每台 50.00 美元。

合同中支付条款如下:

买方应于 20×1 年 4 月 30 日之前将 100% 的货款以电汇方式预付给卖方。

The buyer shall pay 100% of the S/C value in advance by T/T to reach the seller not later than APR. 30, 20×1.

胡经理请张刚具体办理货款的电汇手续,并告诉张刚款项通过中国银行上海分行汇入美国商业银行。张刚第一次接触到电汇业务,感到有些紧张。摆在他面前要解决的问题有很多,如国际货物买卖合同支付条款的主要内容有哪些,什么是电汇方式,如何办理电汇手续等。

一、支付条款的主要内容

国际货物买卖合同支付条款的主要内容包括以下几方面。

1. 结算工具

国际贸易结算工具主要有现金和票据两种。现金结算所占比重极小,一般仅限于小额交易,实际业务中多采用票据(Bills)进行结算。票据可分为汇票、本票和支票三种。其中,汇票在国际贸易结算中使用最为广泛。

2. 结算方式

国际贸易结算方式(即付款方式)有两种,一是建立在商业信用基础上,通过银行代为办理的付款方式,如汇付和托收;二是建立在银行信用基础上的付款方式,如信用证。

3. 付款时间

按付款时间不同,付款款项可分为预付款、即期付款与延期付款三种。

4. 付款地点

付款地点为付款人或其指定银行的所在地。

国际贸易业务流程

二、汇付

1. 汇付的含义

汇付(Remittance)又称汇款,是较简单的国际货款结算方式。采用汇付方式结算货款时,买方直接通过银行将货款汇交给卖方;而卖方将货物发运给买方后,有关货运单据也由卖方自行寄送买方。这对银行来说,只涉及一笔汇款业务,并不处理单据。

2. 汇付的当事人

汇付结算方式有四个基本当事人:汇款人、汇出行、汇入行和收款人。

(1)汇款人(Remitter):在国际贸易结算中,通常为进口商,即买卖合同的买方。

(2)汇出行(Remitting Bank):是接受汇款人委托汇出款项的银行,通常是进口商所在地的银行。

(3)汇入行(Receiving Bank):又称解付行,是接受汇出行的委托解付汇款的银行。汇入行通常是汇出行的代理行,是收款人所在地的银行。

(4)收款人(Payee):通常为出口商,即买卖合同的卖方。

3. 汇付的结算流程

汇付的结算流程如下(见图5-1):

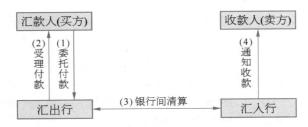

图 5-1　汇付结算流程图

(1)汇款人办理汇付手续,委托汇出行付款;

(2)汇出行审核汇付委托等资料,受理付款;

(3)汇出行与汇入行进行联行的信息交流;

(4)汇入行通知收款人汇款人的款项已入账。

4. 汇付的种类

分类依据不同,汇付种类也不同。常见分类如表5-1所示。

表 5-1　汇付的种类

分类依据	具体名称	内　　涵	特　　点
按款货转移的先后	预汇付	进口商先汇款,出口商后交货	对出口商有利
	后汇付	出口商先交货,进口商后汇款	对进口商有利
按通信方式不同	信汇(M/T)	汇出行应汇款人的要求,用航空信函指示委托汇入行向指定收款人付款的方式	费用低廉,但收款人收到汇款的时间较长。一些金额较小或不需急用的汇款经常用此种方式

国际贸易业务流程

分类依据	具体名称	内　　涵	特　　点
按通信方式不同	电汇（T/T）	汇出行应汇款人的要求,用电报、电传或 SWIFT(环球银行金融电讯协会)电文等电讯方式指示委托汇入行向指定的收款人付款的方式	速度快,安全,但费用较高,是目前最常用的汇付方式
	票汇（D/D）	进口商在本地银行购买银行即期汇票后将汇票带到国外亲自付款,或直接寄给出口商,出口商凭银行即期汇票向指定的银行收取款项的汇款方式	周转时间较长,收费低,具有取款灵活,可替代现金流通,但容易遗失或被窃,安全性较低。除有限制转让和流通的规定外,经收款人背书,可以流通转让。一些金额小、收款不急的业务或给中间人的佣金等可用此方式

5. 汇付的性质和使用

电汇和信汇使用委托通知作为结算工具,票汇使用银行即期汇票等金融票据作为结算工具。在使用汇付方式进行进出口贸易货款结算中,银行只提供服务而不提供信用,所以汇付方式属于商业信用性质。因此,汇付方式主要用于关联企业以及其他联系密切、信用良好的企业间的赊销交易。

豁然开朗

张刚在掌握了相关知识后,发现在这笔业务的结算中,主要当事人有汇款人(上海顺风进出口有限公司)、汇出行(中国银行上海分行)、汇入行(美国商业银行)和收款人(BURUN TRADING COMPANY)四个。

双方约定采用电汇支付,电汇是汇付的一种,我方应到中国银行上海分行办理汇付申请,请汇出行用电报、电传或 SWIFT(环球银行金融电讯协会)电文等电讯方式指示并委托美国商业银行向收款人 BURUN TRADING COMPANY 付款,其资金流向见图 5-2。

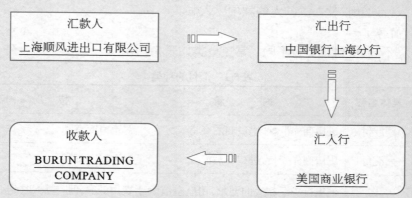

图 5-2　上海顺风进出口有限公司从美国公司进口微波炉的资金流向图

于是,20×1 年 4 月 10 日,张刚到中国银行上海分行顺利地办理了电汇手续。

【活动目标】

1. 熟悉汇付方式的基本当事人。

2. 了解汇付流程。

【活动内容】

案例分析：青岛星星国际贸易公司(以下简称我方)与国外 MILL TRADING I/E CORP.，LTD. 于20××年2月15日签订了国际货物买卖进口合同，我方购买的货物为25000公斤棉布，每公斤8.00美元。支付条款如下：

买方应于收到卖方交寄的正本提单后3天内将所有货款以电汇方式付给卖方。

The buyer should pay the total value by T/T within 3 days after the receipt of the original bills of lading sent by the seller.

20××年3月10日，出口商 MILL TRADING I/E CORP.，LTD. 以海运方式将货物运往青岛，3月15日我方收到正本提单，次日我方到中国建设银行青岛分行办理申请汇款手续。

1. 根据以上资料完成填写汇款申请书，具体填写要求是：

(1) 在相应"□"内打√；

(2) 在标 A 的空格处填写完整日期；

(3) 在标 B 和 C 的空格处填写相应名称。

中国建设银行　汇款申请书（APPLICATION FOR REMITTANCE）

□BY T/T　　　　□BY M/T　　　　□BY D/D　　　　DATE：A_____

	汇款币种及金额 AMOUNT	XXXXXXXXXXXXXXXXXXXXXXXXXXXXX（略） XXXXXXXXXXXXXXXXXXXXXXXXXXXXX（略）		
收款人 BENEFICIARY	收款人名称及详细地址 BNF'S NAME & ADDRESS	B		
	收款人账号及开户行 BNF'S A/C NO.	1234567899211 ABC BANK CHICAGO BRANCH		
XXXXXXXXXXXXXXXXXXXXXX（略）		XXXXXXXXXXXXXXXX（略）		
汇款人 REMITTER	汇款人名称 REMITTER'S NAME	C	汇款人账号 REMITTER'S A/C	XXXXXXXXX（略） 123456789
	汇款人附言	XXXXXXXXXXXXXXXXXXXXXX（略）		
	经办人　张军	XXXXXXXXXXXXXXXXXXXXXXXXX XXXXXXXX（略）		
	电话　12354663			

图5-3　汇款申请单

2. 完成图5-4的电汇（T/T）流程图，要求在横线部分填写具体公司和银行名称，并用箭头画出资金流经线路。

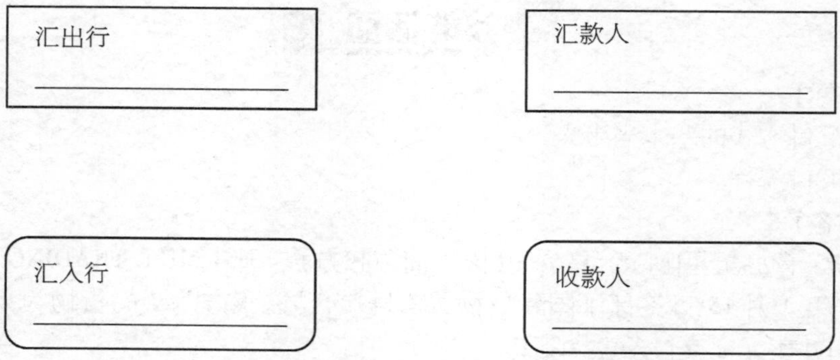

汇出行	汇款人

汇入行	收款人

图5-4　T/T资金流程图

知识拓展

一、汇票的含义

我国《票据法》第19条对汇票(Bill of Exchange)的定义如下:"汇票是出票人签发的,委托付款人在见票时或者在指定日期无条件支付确定的金额给收款人或者持票人的票据。"

二、汇票的内容

在汇票上应记载以下内容:表明"汇票"的字样;无条件支付的委托;确定的金额;付款人名称;收款人名称;出票日期;出票人签章等。汇票若未记载上述规定事项的任何一项,则为无效汇票。

在实际业务中,汇票通常还需列明付款日期、付款地点和出票地点等内容。汇票还可以记载票据法允许的其他内容,例如利息和利率、禁止转让、免除作成拒绝证书、汇票编号和出票条款等。

三、汇票的种类

表5-2　汇票的种类

分类依据	汇票名称	内涵及特点
按照出票人的不同	银行汇票	银行汇票的出票人和付款人都是银行。属银行信用
	商业汇票	商业汇票的出票人是工商企业或个人,付款人可以是工商企业或个人,也可以是银行。在国际贸易结算中,常使用商业汇票,一般由出口商开立,向国外进口商或银行收取货款时使用
按照付款时间的不同	即期汇票	采用"见票即付"的汇票
	远期汇票	采用定日付款、出票后定期付款、见票后定期付款等三种形式的汇票

分类依据	汇票名称	内涵及特点
按照是否附有货运单据	光票	不附带货运单据的汇票。一般仅限于贸易从属费用、货款尾数、佣金等的托收或支付时使用
	跟单汇票（又称押汇汇票）	附有运输单据（如提单、发票、保险单等）的汇票。在国际货款结算中，大多采用跟单汇票作为结算工具

四、汇票的票据行为

即期汇票只需经过出票、提示和付款的程序，而远期汇票还须经过承兑手续。如需流通转让，通常要经过背书。

1. 出票

出票是指出票人签发票据并将其交付给收款人的票据行为。出票由两个动作组成，一是由出票人写成汇票，并在汇票上签字；二是由出票人将汇票交付给收款人。由于出票是设立债权债务的行为，所以只有经过交付，汇票才开始生效。

2. 提示

提示指收款人或持票人将汇票提交付款人，要求付款或承兑的行为。付款人看到汇票，即为见票。提示可分为两种：提示承兑（指远期汇票持票人向付款人出示汇票，并要求付款人承诺付款的行为）和提示付款（指汇票的持票人向付款人出示汇票要求付款人付款的行为）。

3. 承兑

承兑指汇票付款人承诺在汇票到期日支付汇票金额的行为。

承兑的手续可由付款人在汇票正面写上"承兑"字样，注明承兑的日期，并由付款人签名、交还持票人。按票据法的一般规则，仅有付款人签名而未写"承兑"字样，也构成承兑。

4. 付款

付款指付款人向持票人支付汇票金额的行为。即期汇票在付款人见票时即付；远期汇票于到期日在持票人作提示付款时由付款人付款。持票人获得付款时，应当在汇票上签收，并将汇票交给付款人作为收据存查。汇票一经付款，汇票上的一切债权债务即告结束。

5. 背书

背书是指在票据背面或者粘单上记载有关事项，经签章后交付给受让人的行为。若出票人在汇票上记载有"不得转让"字样或以其他限定收款人名称作成限制性抬头的，则汇票不得转让。票据的转让不必通知债务人。汇票经过背书后，收款的权利就转让给了受让人（即被背书人）。

6. 拒付与追索

拒付包括拒绝付款和拒绝承兑。汇票被拒付时，持票人除可向承兑人追偿外，还有权向其前手，包括所有的背书人和出票人行使追索权。

☀ 观点集锦

1. 了解国际贸易结算，会熟练判断当事人，并弄清银行在汇付中的作用及责任。
2. 汇款方式的英文简写要牢记：电汇（T/T）；信汇（M/T）；票汇（D/D）。

活动二　办理托收业务

情景导入

上海顺风进出口有限公司与日本 DETO IMPORT & EXPORT CO., LTD. 于20××年3月10日签订了国际货物买卖进口合同,我方出售的货物为1000套精密仪器,每套50.00美元,双方约定采用托收方式付款,具体支付条款如下:

买方凭卖方开具的即期跟单汇票,见票即付款,付款后交单。

Upon first presentation the buyer shall pay against documentary draft drawn by the seller at sight. The shipping documents are to be delivered against payment only.

我方于3月25日发运货物并取得海运提单。次日,相关人员缮制了汇票,并连同其他商业单据前去中国光大银行上海分行办理委托收款事项。

中国光大银行上海分行于3月29日寄出托收委托书及汇票和提单等相关单据,指示东京银行代为托收款项。

20××年4月3日,日本 DETO IMPORT & EXPORT CO., LTD. 得到东京银行的提示,当日办理了付款赎单事宜。最后上海顺风进出口公司于4月7日收款到账。

张刚这次全程协助李经理处理这单业务。这笔业务中时间节点多,李经理问张刚:在业务中,委托人委托银行进行收款、代收行提示付款、付款人付款赎单、托收行将货款转至委托人账户的日期是具体指哪一天?

一、托收的含义

托收(Collection)是出口商委托银行向进口商收款的一种方法。托收分为光票托收和跟单托收两种。在国际贸易中,货款结算常使用跟单托收。一般为出口商先行发货,开出汇票,连同有关货物运输等单据,委托出口地银行通过其在进口地的分行或代理行向进口商收取货款。

与汇付相比,在托收方式下出口商收款的安全性较强。

二、托收方式的当事人

托收方式的基本当事人有四个,即委托人、托收行、代收行和付款人。

1. 委托人

委托人(Principal/Drawer)是指开出汇票委托银行办理托收的一方,通常是出口商,也称为出票人。

2. 托收行

托收行(Remitting Bank/the Principal's Bank),又称委托行或寄单行,它是接受委托人的委托办理代收款项,同时又委托国外银行向付款人收款的银行,一般为出口地银行。

3. 代收行

代收行(Collecting Bank/Presenting Bank)指接受托收行的委托,向付款人收款的银行,通常是进口地银行。

4. 付款人

付款人(Drawee/Payer)是支付款项的一方,也是汇票的受票人,通常就是进口商。

在托收业务中,有时还可能有提示行和代理行两个当事人。

三、跟单托收的种类

跟单托收根据货运等单据交付方式的不同,可分为付款交单和承兑交单两种。

1. 付款交单

付款交单(Documents against Payment, D/P)是指出口商将汇票连同货运等单据交给银行托收时,指示银行只有在进口商付清货款时才能交出货运单据。如果进口商拒付,就不能从银行取得货运单据,也无法提取单据所列的货物。

付款交单按款项支付时间不同,可分为即期付款交单和远期付款交单两种。

(1) 即期付款交单(D/P at sight)。其主要操作流程如下(见图5-5所示):

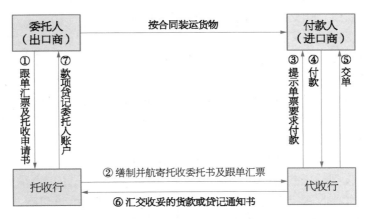

图 5-5　即期付款交单业务流程图

① 委托人(出口商)填写托收申请书,连同开立缮制的即期跟单汇票和货运单据一起交托收行,委托收款;

② 由托收行根据指示制作托收委托书,并与汇票和所有单据寄交进口地代收行;

③ 代收行收到委托书、跟单汇票和单据后,提示付款人(进口商)付款;

④ 付款人(进口商)见付款提示单票后立即付清货款;

⑤ 代收行收款后立即交出货运等所有所附单据(即交单);

⑥ 代收行汇交收妥的货款;

⑦ 托收行将收到货款贷记委托人(出口商)账户。

(2) 远期付款交单(D/P after sight)。其主要操作流程如下(见图5-6所示):

① 委托人(出口商)填写托收申请书,连同开立的即期跟单汇票和货运单据一起交托收行,委托收款;

② 由托收行根据指示制作托收委托书,并与汇票和所有单据寄交进口地代收行;

③ 代收行收到委托书、跟单汇票和单据后,提示付款人(进口商)承兑;

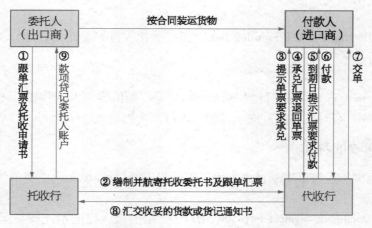

图5-6 远期付款交单业务流程图

④ 付款人(进口商)审单无误后在汇票上承兑,代收行保留汇票与其他单据;

⑤ 汇票到期后,提示行提示汇票,要求付款;

⑥ 付款人(进口商)付清货款;

⑦ 代收行收款后立即交出货运等所有所附单据(即交单);

⑧ 代收行汇交收妥的货款;

⑨ 托收行将收到货款贷记委托人(出口商)账户。

2. 承兑交单

承兑交单(Documents against Acceptance,D/A)是指出口商将远期汇票连同货运等单据交给银行托收时,指示银行在进口商对远期汇票作出承兑后交出货运等单据。付款人于汇票到期日时,再履行付款义务。

承兑交单的主要操作流程与远期付款交单的操作流程基本一致(见图5-7所示),主要差别在于:代收行收到委托书、跟单汇票和单据后,提示付款人(进口商)承兑,进口商验单无误后承兑汇票,随即代收银行保留承兑过的汇票,将货运单据交给进口商。汇票到期日代收银行向付款人(进口商)提示汇票,要求付款,进口商付款。

承兑交单与远期付款交单相比较,都是远期付款,但交单条件不同:承兑交单仅凭付款

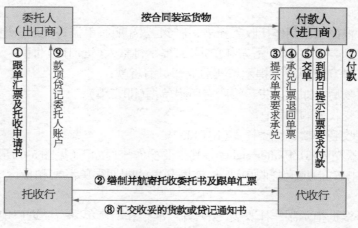

图5-7 承兑付款交单业务流程图

人对远期汇票付款的承诺交单,而远期付款交单必须凭付款人对已承兑的远期汇票付款后才能交单。

张刚根据自身经验和所掌握的托收知识,在纸上画出了整个业务流程的草图(见图5-8)。他的结论是:

我方是托收方式的委托人,应在20××年3月26日委托银行进行收款;代收行东京银行的提示付款日期为20××年4月3日;付款人日本 DETO IMPORT & EXPORT CO., LTD. 付款赎单的日期为20××年4月3日;托收行中国光大银行上海分行将货款转至我方账户的日期为20××年4月7日。

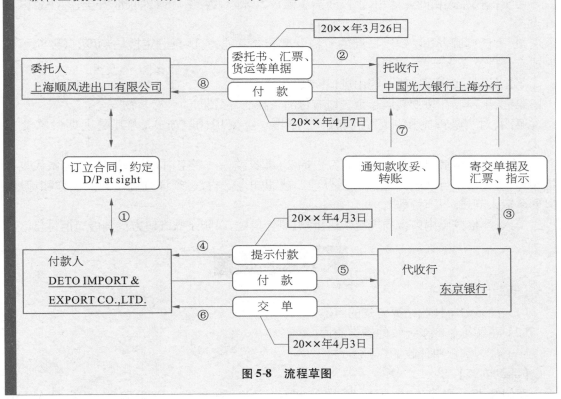

图 5-8 流程草图

四、托收方式的性质

按照《托收统一规则》,银行在托收业务中,只提供服务,不提供信用。

在托收业务中,银行只以委托人的代理人行事,既无保证付款人必然付款的责任,也无检查审核货运单据是否齐全、是否符合买卖合同的义务;当发生进口商拒绝付款的情况后,除非事先取得托收银行同意,代收银行也没有代为提货、办理进口手续和代为保管的义务。

所以,托收方式与汇付方式一样,也属商业信用性质,出口商能否收到款项,依赖的是进口商这个企业的商业信用。

《托收统一规则》

《托收统一规则》（国际商会第522号出版物），简称"URC522"，于1996年1月1日起正式实施，全文共26条，分为总则、托收的形式和结构、提示方式、义务和责任、付款、利息和手续费及其他费用、其他规定七个部分。

五、出口商采用托收方式应注意的问题

由于托收方式属商业信用，出口商需承担较大风险，因此，为确保收汇安全，应注意以下几点：

第一，认真调查和考察进口商的资信情况和经营能力，认真确定授信额度，必要时可控制成交金额及交货进度。

第二，国外代收行一般不能由进口商指定。

第三，出口商在货物装运起至进口方付清货款前，都要时时关心货物安全。

第四，对贸易管制和外汇管制较严的国家，应慎用托收方式，尤其是远期付款交单方式。

第五，填写运输单据时一般应做空白抬头（即收款人一栏空白）并加背书，如需做代收行抬头时，应先与银行联系并经认可后办理。被通知人一栏，必须详列进口商的名称和地址，以便承运人到货时及时通知。

第六，严格按照出口合同规定装运货物、制作单据，以防止被进口方找到借口拒付货款。

技能活动

【活动目标】

（1）熟悉跟单托收结算方式的当事人。

（2）了解承兑交单托收的操作流程。

（3）能区别跟单托收的三种方式。

【活动内容】

案例分析： 青岛星星国际贸易公司（以下简称我方）与新加坡公司 TRADING (SINGAPORE) PTE LTD 20××年6月1日签订了国际货物买卖进口合同，我方出售的货物为25000公斤碳素，每公斤8.00美元，具体支付条款如下：

买方应于第一次提示卖方开具的"见票后60天付款"的跟单汇票时予以承兑，并于汇票到期日付款，承兑后交单。

The buyer shall duly accept the documentary draft drawn by the seller at 60 days upon first presentation and make payment on its maturity. The shipping documents are to be delivered against acceptance.

20××年7月1日，我方委托相关货运公司以海运方式将货物运往新加坡港口，7月2日我方收到正本提单，7月4日我方相关人员缮制了汇票，并连同其他商业单据前去中国银行青岛分行办理委托收款事项。

中国银行青岛分行于7月7日寄出托收委托书及汇票和提单等相关单据,指示新加坡工业银行代为托收款项。

20××年7月13日,TRADING（SINGAPORE）PTE LTD得到新加坡工业银行的提示,当日办理了承兑交单事宜。最后我方于20××年8月13日收款到账。

根据以上资料,完成图5-9,具体要求是:

（1）在括号内填写托收业务流程中相应步骤的序号(用自然数表示);

（2）在横线上填写相关当事人的完整信息。

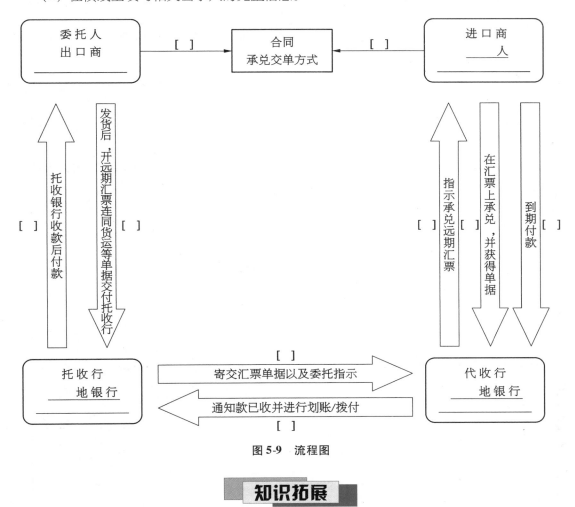

图5-9 流程图

知识拓展

一、顺汇法与逆汇法

在国际贸易实践中,支付方式按资金流向与支付工具传递方向是否一致,分为顺汇法和逆汇法两种。

（1）顺汇法是指资金流动方向与支付工具传递方向相同的支付方法,即付款人主动将款项交给银行,由银行支付给收款人的方法,如汇付方式采用的就是顺汇法。

（2）逆汇法是指资金流动方向与支付工具传递方向相反的支付方法,即由收款人委托银行向债务人收取款项的方法,如托收方式和信用证方式采用的就是逆汇法。

二、汇付与托收的异同点

相同点：两者都属于商业信用，信用度较低。

不同点：汇付是顺汇法，托收是逆汇法。

> ☀ **观点集锦**
>
> 1. 托收结算方式通过银行进行收款和交付单据，但实质还是商业信用基础上的结算方式。
> 2. 进口商采用托收方式结算，较为有利；而出口商采用该方式则风险较大。

任务二　解析信用证

国际贸易货款结算方式有很多，我们已经了解了建立在商业信用基础上的两种主要方式：汇付和托收。还有一些结算方式是建立在银行信用基础上的，其中最常用的是信用证方式。信用证方式，是银行信用介入国际贸易过程的产物，在一定程度上解决了买卖双方之间互不信任的矛盾，还使双方在结算过程中获得一定的银行资金融通的便利。

活动一　认识信用证当事人

情景导入

上海顺风进出口有限公司与荷兰 TBCC 公司签订了国际贸易出口合同，我方销售商品给 TBCC 公司，在合同中双方约定以信用证方式结算全部货款，20××年6月18日，我方接到汇丰银行上海分行的通知，有一份受益人为我方的信用证已从荷兰传递到汇丰银行，下面是该信用证的部分内容：

APPLICATION HEADER	0 – 700
SENT BY	XXX
	*NDBY BANK，A/S
	*AMSTERDAM
SEQUENCE OF TOTAL	*27:1/1
FORM OF DOC. CREDIT	*40A:IRREVOCABLE
DOC. CREDIT NUMBER	*20:64800—004586J
DATE OF ISSUE	*31C:20×1.06.15
EXPIRY	*31D:DATE 20××.08.20 PLACE：SHANGHAI
APPLICANT	*50：TBCC TRADING CORP. LTD. AMSTERDAM THE NETHERLANDS
BENEFICIARY	*59:SHANGHAI SHUNFENG IMP. AND EXP. CORP. 88 ZHONG SHAN ROAD E.1 SHANGHAI CHINA
DRAWEE	*42A：OURSELVES

国际贸易业务流程

我方拿到信用证后，按合同规定于20××年7月20日将货物发运，并准备好信用证规定的所有单据，于7月24日向汇丰银行上海分行交单，汇丰银行在审核所有单据无误的情况下将单据买下。

张刚被指派协助李经理处理此单业务，李经理让他拿到信用证后先初步审核信用证，并将主要当事人找出来，列在分析单上，然后与合同进行核对。

一、信用证的含义

信用证(Letter of Credit，L/C)是指开证银行依照开证申请人的要求和指示,向受益人或其指定人开立的在一定金额和一定期限内凭规定单据承诺付款的凭证。根据《跟单信用证统一惯例》(UCP600)规定,信用证是指一项不可撤销的安排,无论其名称或描述如何,该项安排构成开证行对相符交单予以承付的确定承诺,即受益人必须提交符合信用证规定的单据,才能获得款项支付。

二、信用证的当事人

1. 开证申请人

开证申请人(Applicant)又称"开证人",是指要求开立信用证的一方。通常是进口商,有时也会是银行自己。

2. 开证银行

开证银行(Opening Bank)是指应申请人要求或者代表自己开出信用证的银行。开证行一般是进口商所在地银行,是开证申请人的账户行。

3. 通知银行

通知银行(Advising Bank)是指应开证行的要求通知信用证的银行。通知银行是出口商所在地的银行。

4. 受益人

受益人(Beneficiary)是指接受信用证并享受其利益的一方,即出口商。如果信用证允许转让,则受益人可以是中间商。信用证中的受益人必须有完整的名称和详细的地址。它的表示方法有:出口商(Exporter)、发货人(Shipper)、出票人(Drawer)、抬头人(Addressee)等。

5. 议付银行

议付银行(Negotiating Bank)是指愿意买入受益人交来跟单汇票的银行,即应受益人的要求对所提交的单据进行审核并议付货款的银行。议付银行可以是指定的银行,也可以是非指定的银行,由信用证的条款来规定。议付行的议付对受益人具有追索权。

6. 付款银行

付款银行(Paying Bank/Drawee Bank)是指信用证上指定的付款银行。它一般是开证行,也可以是它指定的另一家银行,根据信用证的条款的规定来决定。付款行付款后对受益人没有追索权。

7. 保兑行

保兑行(Confirming Bank)指根据开证行的授权或要求对信用证加具保兑的银行。保兑行具有与开证行相同的责任和地位,对受益人独立负责,并负对单证相符的单据有必须议付或代付的责任;在已经议付或代付后,不论开证行倒闭或无理拒付,都不能向受益人追索。

三、信用证的种类

分类依据不同,信用证的种类也不同(见表5-3)。

表5-3 信用证的分类

分类依据	信用证名称	内 涵	特 点
按是否附有单据	跟单信用证 Documentary L/C	指凭汇票及规定单据,或仅凭规定的单据(如运输单据、商业发票、保险单、商检证书、海关发票、产地证、装箱单等)付款的信用证	在国际贸易结算中所使用的信用证绝大部分都是跟单信用证
	光票信用证 Clean L/C	指开证行仅凭不附单据的汇票进行付款的信用证	光票信用证风险大,在国际贸易货款的结算中应用并不广泛
按开证行所负的责任	可撤销信用证 Revocable L/C	指在开证之后,开证行无需事先征得受益人同意就有权随时修改其条款或者撤销已开出的信用证	根据《UCP600》第 3 条规定,"信用证是不可撤销的,即使未如此表明",这意味着该惯例已取消了可撤销的信用证的规定
	不可撤销信用证 Irrevocable Credit	指未经开证行、保兑行及受益人同意,信用证一经开出,开证行或开证申请人对信用证既不能修改也不能撤销	自信用证开立之日始,开证行就受到其条款和承诺的约束
按有无第三家银行对付款进行保证	保兑信用证 Confirmed L/C	指除了有开证行确定的付款保证之外,还有另一家银行(保兑行)确定的付款保证的信用证	保兑行对信用证所担负的责任与信用证开证行的责任完全相当
	不保兑信用证 Unconfirmed L/C	指未经另一家银行加具保兑的信用证	即使开证行要求另一家银行对信用证进行保兑,如果该银行不同意,那么被通知的信用证仍然只是一份未加保兑的信用证

分类依据	信用证名称	内　　涵	特　　点
按付款的时间不同	即期信用证 Sight L/C	指开证行或付款行见受益人提交的符合信用证条款的单据和即期汇票(有时可不附即期汇票)后立即付款的信用证	付款行付款后无追索权
	远期信用证 Usance L/C	指开证行或其指定付款行在收到受益人提交的符合信用证条款的远期汇票和单据后并不立即付款,而是按信用证规定的付款期限到期付款的信用证	由于远期汇票在一定期限(如90天或120天)付款,所以便利进口商资金融通
其他	备用信用证 Standby Credit	指开证行开给受益人的一种有条件的保证付款的书面文件,又称担保信用证	在开证申请人未能履行投标人的职责,或未能按时偿还贷款或货款时,开证行负责为其支付

四、信用证的内容

总体说明:如信用证的编号、开证日期、到期日和到期地点、交单期限等。

兑付方式:是即期付款、延期付款、承兑,还是议付。

信用证的种类:是否不可以撤销,是否经另一银行保兑、可否转让等。

信用证的当事人:开证人、开证行、受益人、通知行、议付行等。有的信用证还有付款行、偿付行、承兑行等。

汇票条款:包括汇票的种类、出票人、受票人、付款期限、出票条款及出票日期等,凡不需汇票的信用证无此内容。

货物条款:包括货物的名称、规格、数量、包装、价格等。

支付货币和信用证金额:包括币别和总额,币别通常应包括货币的缩写与大写,总额一般分别用大写文字与阿拉伯数字书写。信用证金额是开证行付款责任的最高限额,有的信用证还规定有一定比率的上下浮动幅度。

装运与保险条款:如装运港或启运地、卸货港或目的地、装运期限、可否分批装运、可否转运以及如何分批装运、转运的规定;以 CIF 或 CIP 贸易术语达成的交易项下的保险要求,所需投保的金额和险别等。

单据条款:通常要求提交商业发票、运输单据和保险单据,此外,还有包装单据、产地证、检验证书等。

除此以外,信用证通常还有开证银行的责任条款,根据《跟单信用证统一惯例》(UCP600)进行开立的文句说明,以及信用证编号、到期地点和日期、开证行签字和密押等。

技能活动

【活动目标】

(1)会识别信用证当事人名称。

(2)了解信用证当事人关系。

【活动内容】

案例分析：湖南长沙景蓝进出口公司与美国 NSHK 公司签订了国际贸易出口合同,景蓝公司销售商品给 NSHK 公司,在合同中双方约定以信用证方式结算全部货款,20×1 年 12 月 18 日,景蓝公司从 A 银行收到信用证,图 5-10 是该信用证的部分内容。

景蓝公司拿到信用证后,按合同规定于 20×2 年 1 月 20 日将货物发运,并准备好信用证规定的所有单据,1 月 22 日将准备好的所有单据交付给 B 银行,该银行在审核所有单据无误的情况下将单据买下。

```
APPLICATION HEADER           0-700
SENT BY                      XXX
                             *COMMERCIAL BANK LONG BEACH.
DATE OF ISSUE                *31C:20×11216
DOC. CREDIT NUMBER           *20:SHKKLC0105
FORM OF DOC CREDIT           40A:IRREVOCABLE
EXPIRY                       *31D:20×20215 / CHINA
APPLICANT                    *50:NSHK TRADING CO.
                             P. O. BOX 501
                             LONGBEACH
BENEFICIARY                  *59:CHANGSHA JINGLAN IMP. AND EXP. CORP.
                                2006B JINGLAN MANSION RENMIN ROAD
                                CHANGSHA HUNAN
AMOUNT                       *32B:USD 12750.00
AVAILABLE WITH/BY            *41D:AAA BANK CHANGSHA BY NEGOTIATION
DRAFT AT ⋯                   42C:AT 60 DAYS SIGHT
DRAWEE                       42A:COMMERCIAL BANK NEW YORK
ADVISE THROUGH               57a:BANK OF CHINA CHANGSHA
```

图 5-10　信用证部分内容

试分组讨论分析以上业务情况,并完成下列作业:

(1) A 银行具体名称为:_____。

　　B 银行具体名称为:_____。

(2) 连线寻找当事人。

买　方		受益人
		开证申请人
卖　方		湖南长沙景蓝进出口公司
		美国 NSHK 公司

(3) 将已出现的银行名称填入图 5-11。

银行一:_____

银行二:_____

银行三：	银行四：

图5-11　信用证银行信息

（4）对下列银行与当事人名称进行连线。

开证行	银行一
付款行	
保兑行	银行二
通知行	银行三
议付行	银行四

知识拓展

表5-4　信用证常见当事人的中英文名称对比表

英　文	中　文	英　文	中　文
Advising Bank	通知行	Confirming Bank	保兑行
Applicant	开证申请人	Opener	开证人（申请人）
Beneficiary	受益人	Issue	出具
Drawee	付款人	Irrevocable	不可撤销
Opening Bank	开证银行	Expiry	有效期
Negotiating Bank	议付银行	Amount	金额
Paying Bank	付款行	At ×× Days Sight	见票××天远期

> **☀ 观点集锦**
>
> 1. 信用证是目前国际上广泛使用的支付方式。
> 2. 信用证依据合同而开立，又独立于合同。信用证结算方式与汇付和托收的最大区别在于其建立在银行信用的基础上。

活动二　熟悉信用证支付流程

情景导入

　　上海顺风进出口有限公司从美国进口电器，张刚被派协助业务部李经理一起处理这单业务。20×1年5月10日，我方与美国外商签订了合同，在合同中约定：

The buyer shall open through a bank acceptable to the sellers an irrevocable sight letter of credit at sight to reach the sellers before AUG.15,20×1.

（买方应通过卖方接受的银行开立不可撤销的即期信用证,该证于 20×1 年 8 月 15 日之前开到卖方。）

李经理请张刚想想在这种付款条件下,我方应做哪些工作?

一、信用证支付流程

信用证的支付流程随信用证类型的不同而不同,在国际贸易中最为常见的是即期不可撤销跟单信用证,其基本流程见图 5-12 所示。

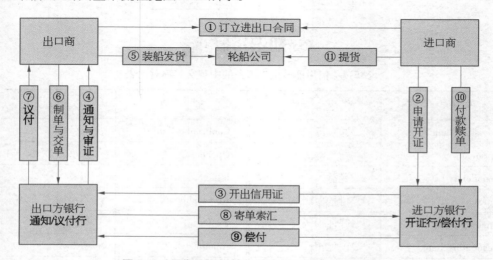

图 5-12　即期不可撤销跟单信用证的支付流程图

1. 订立进出口合同

进出口双方当事人在就国际货物买卖的交易条件进行磋商达成一致后,订立国际货物买卖合同,并在合同中明确规定买方以信用证方式支付货款。在支付条款中一般还会规定信用证的类型、总金额、开证期限、开证行等内容。

2. 申请开证

开证人,即进口商,在买卖合同规定的时限内向开证银行申请开立信用证。申请开证时要递交开证申请书给开证行,一般开证银行会要求申请人提供信用证总金额一定比例甚至全额的保证金。

3. 开出信用证

开证行接受开证人的开证申请书后,必须按申请书规定的内容向指定的受益人开立信用证,并将信用证直接邮寄或用电讯通知出口地的代理银行(通知行)转递或者通知受益人。

4. 通知与审证

通知行在收到信用证后,应立即核对开证行的签字与密押,经核对证实无误后,除留存副本或复印件备查外,必须尽快将信用证转交受益人。如收到的信用证是以通知行本身为收件人的,则通知行应以自己的通知书格式照录信用证全文并通知受益人。

受益人在收到经通知行转来的信用证后,应马上进行认真审核,审核信用证中所列的条款与买卖合同中所列的条款是否相符。如发现条款有差错,或其他不能接受或无法照办的内容时,均应通知开证人,要求修改信用证。如开证人同意修改,开证人就应向开证行提交修改申请书;如开证行同意修改,作出修改通知书函寄或电告通知行,经通知行审核签字或密押无误后转知受益人。信用证修改通知书的传递方式与开证相同。

5. 装船发货

如经审查无误,或经过相应修改后,受益人即可根据信用证或经过修改认可的规定装船发运货物。

6. 制单与交单

在货物发运完毕后,受益人缮制并取得信用证所规定的全部单据,开立汇票连同信用证正本,在信用证规定的交单期和有效期内,递交相关的通知行或与自己有往来的其他有权议付的银行或信用证限定的议付银行办理议付。

交单时应注意:首先单据的种类和份数与信用证的规定要相符,其次单据内容必须正确,包括所用文字要与信用证一致,最后应注意交单时间必须在信用证规定的交单期和有效期之内。

在我国实际业务处理中常用以下两种方式:一种是两次交单或称预审交单,在运输单据签发前,先将其他已备妥的单据交银行预审,发现问题及时更正,待货物装运后收到运输单据,可以当天议付并对外寄单。另一种是一次交单,即在全套单据收齐后一次性送交银行,此时货已发运。银行审单后若发现单据有不符点时再退单修改,耗费时日,容易造成逾期而影响收汇安全。因而一些出口企业采用与银行密切配合的两次交单的方式,以加速收汇。

7. 议付

议付是指指定银行在相符交单下,在其应获偿付的银行工作日当天或之前向受益人预付或者同意预付款项,从而购买汇票(其付款人为指定银行以外的其他银行)及/或单据的行为。议付实际上是议付行在受益人向议付行提交符合信用证条款单据的前提下对受益人进行的垫款。

议付行一般为出口地银行,它可以由开证行在信用证中指定,如在信用证中未指定,为自由议付,则可由受益人自行选择通知行或与其有往来的其他银行担任议付行。

8. 寄单索汇

寄单索汇即索偿,是议付行办理议付后,根据信用证规定,凭单向开证行或其指定的银行(付款行)请求偿付的行为。

议付银行在办理议付后,一面把单据直接寄给开证行或偿付行,一面就给偿付行发出索偿书,说明有关信用证的开证行名称和信用证号码,声明已按信用证规定进行议付,并请求按指明的方法进行偿付。偿付行收到索偿书后,只要索偿金额不超过授权书金额就立即根据索偿书的指示向议付行付款。

9. 偿付

在信用证业务中的偿付是指开证行或被指定的付款行(或偿付行)向议付行进行付款的行为。

开证行或指定的付款行收到议付行寄来的汇票和单据后,经核验认为与信用证规定相符,应立即将票款偿付议付行。如发现单据与信用证规定不符,可以拒付,但应在不迟于收

国际贸易业务流程

到单据的次日起 5 个银行工作日内通知议付行表示拒绝接受单据。

如信用证指定付款行或偿付行,则由该指定的银行向议付行进行偿付。

10. 付款赎单

开证银行履行偿付责任后,应立即向开证申请人提示单据,开证申请人验核单据无误后,办理付款手续。开证申请人付款后,即可从开证行取得全套单据,包括可凭以向承运人提取货物的运输单据。此时,便可凭运输单据立即提货或待到货时凭单提货。

豁然开朗

张刚探究了信用证的支付流程后,协助李经理做了以下工作:

6 月 20 日,张刚填制开证申请书,请中国银行某分行开立信用证。

7 月 1 日,银行开出信用证,张刚帮助李经理写传真通知外商并催促对方发货。

8 月 9 日,收到银行发来的审核单据的通知,张刚协助李经理审单,协助财务付清所有款项给银行。

8 月 10 日,从银行处得到单据(包括正本提单),张刚协助签收等事项。

8 月 11 日,委托某货运代理公司办理提取货物事宜,张刚协助电话沟通、整理委托单据等事宜。

二、信用证的主要特点

1. 信用证是银行信用,开证行负第一付款责任

开证行通过跟单信用证来为其客户承担付款义务,即使申请人不能履行其义务,只要受益人所提交的单据与信用证条款一致,那么银行就应承担对受益人的第一付款责任。因此,只要受益人满足信用证条款的规定,就能保证从银行取得货款。在出口商对进口商不是很了解或进口国存在外汇管制等情况下,信用证的优势尤为突出。

2. 信用证是一种独立文件

实际操作中,信用证的开立是以买卖合同为基础的,买卖双方要受合同的约束,但信用证一经开出,就独立于买卖合同,信用证各当事人在业务处理过程中的责、权、利都以信用证条款为准,而不是买卖合同的条款。因此,信用证是一种与买卖合同分离的独立的文件。

3. 信用证业务处理的是单据

只要单据表面上符合信用证的规定和要求,开证行就应承担付款责任,银行是不直接参与货物的买卖过程的,银行只负责审核受益人所提交的单据,确认它在表面上与信用证的一致,而不管事实如何。相反,如果买方收到的货物完全符合合同规定,但受益人所提交的单据不符合信用证的要求,银行也完全有理由拒付。

 小看板

《跟单信用证统一惯例》(UCP600)第 5 条规定

银行处理的是单据,而不是单据可能涉及的货物、服务或履约行为。

三、办理信用证业务的注意点

第一,"一个原则,两个只凭",即严格单证相符原则;银行只凭信用证,不问合同;只凭单据,不问货物。

第二,银行虽只根据表面上符合信用证条款的单据承担付款责任,但这种"符合"的要求十分严格,在表面上绝不能有任何差异。

小看板

《跟单信用证统一惯例》(UCP600)第14条规定

按指定行事的指定银行、保兑行(如果有的话)及开证行须审核交单,并仅基于单据本身确定其是否在表面上构成相符交单;按指定行事的指定银行、保兑行(如有的话)及开证行各有从交单次日起至多五个银行工作日用以确定交单是否相符;单据中的数据,在与信用证、单据本身以及国际标准银行实务参照解读时,无须与该单据本身中的数据、其他要求的单据或信用证中的数据等同一致、但不得矛盾;除商业发票外,其他单据中的货物、服务或履约行为的描述,如果有的话,可使用与信用证中的描述不矛盾的概括性用语;如果信用证要求提交运输单据、保险单据或者商业发票之外的单据,却未规定出单人或其数据内容,则只要提交的单据内容看似满足所要求单据的功能,且其他方面符合第14条d款,银行将接受该单据;提交的非信用证所要求的单据将被不予理会,并可被退还给交单人;如果信用证含有一项条件,但未规定用以表明该条件得到满足的单据,银行将视为未作规定并不予理会;当受益人和申请人的地址出现在任何规定的单据中时,无须与信用证或其他规定单据中所载相同,但必须与信用证中规定的相应地址同在一国。联络细节(传真、电话、电子邮件及类似细节)作为受益人和申请人地址的一部分时将被不予理会;在任何单据中注明的托运人或发货人无须为信用证的受益人。

技能活动

【活动目标】

(1)初步审核信用证,找出信用证支付方式的业务当事人。

(2)熟悉信用证支付方式的一般流程。

【活动内容】

案例分析:我国 A 进出口公司(以下简称我方)与国外公司 B TRADING CO. 于 20××年 2 月 20 日签订了国际货物买卖出口合同,合同规定装运于 20××年 5 月完成,我方销售的货物为 1000 套夹箍件,每套 30.00 美元,具体支付条款如下:

买方应通过卖方所接受的银行于装运月前 30 天开出并送达卖方不可撤销的即期信用证,并于装运月后 15 天在中国议付有效。

The buyer shall open through a bank acceptable to the sellers an irrevocable sight letter of credit to reach the sellers 30 days before the month of shipment, valid for negotiation in China until the 15th days after the month of shipment.

20××年 3 月 20 日,A 公司收到中国银行北京分行的通知,并于次日收到信用证正本,信

国际贸易业务流程

用证的部分内容如下：

```
××××××××××××××××××××××××××××××××××××××××××
××××××××
SENT BY                        ×××
                               * COMMERCIAL BANK
                               * LONG BEACH
DATE OF ISSUE                  * 31C:20××0318
DOC. CREDIT NUMBER             * 20:CBJ0105SA
FORM OF DOC CREDIT             40A:IRREVOCABLE
EXPIRY                         * 31D:20××0615 / CHINA
APPLICANT                      * 50:B TRADING CO.
                               LONGBEACH
BENEFICIARY                    * 59:A IMP. AND EXP. CORP.
                               1808 JIANGHONG MANSION
                               BEIJING CHINA
AMOUNT                         * 32B:USD 30000.00
AVAILABLE WITH/BY              * 41D:SSS BANK BEIJING BY NEGOTIATION
DRAFT AT …                     42C:AT SIGHT
DRAWEE                         42A:OURSELVES
ADVISE THROUGH                 57a: BANK OF CHINA
                               BEIJING BRANCH
```

阅读上述资料，完成下列作业：

（1）在图 5-13 内填写相应银行的具体名称。

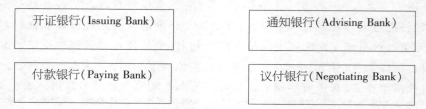

| 开证银行（Issuing Bank） | | 通知银行（Advising Bank） |
| 付款银行（Paying Bank） | | 议付银行（Negotiating Bank） |

图 5-13　合同相关银行

（2）将下列信用证结算步骤填到图 5-14 的相应箭头上。

① 订立合同　② 申请开证　③ 开证　④ 通知　⑤ 审证、发货

⑥ 制单、交单　⑦ 议付　⑧ 索偿　⑨ 偿付　⑩ 付款赎单

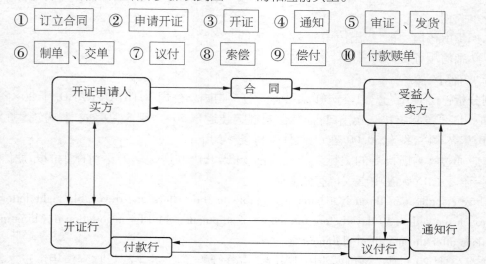

图 5-14　信用证结算流程图

知识拓展

一、选择结算方式应考虑的因素

汇付、托收和信用证三种不同的结算方式,对进出口商而言,各有利弊。在实际业务中,应针对不同国家(地区)、不同客户、不同交易的具体情况进行全面衡量、趋利避弊,在力求达成交易的同时,维护企业的自身利益,以确保外汇资金安全和扩大贸易往来。

在卖方立场来考虑选择何种结算方式时,首先应当考虑的是安全收汇问题;其次应当是占用资金时间的长短;最后也兼顾办理手续的繁简,银行费用的多少。卖方在选择结算方式时,通常考虑以下因素。

1. 客户信用情况

在国际货物买卖中,依法订立了合同后,合同能否履行顺利,主要依靠的是客户的信用。因此,在国际商务出口业务中如要实现安全收汇,就必须事先做好对国外客户的信用调查,然后根据客户的具体情况,选用合适的结算方式。若客户信用不可靠,一般先力争以预付货款方式结算货款,如不可行,可采用跟单即期信用证方式。若是客户信用很好,则可选择手续比较简单、费用较少的方式。例如可以采用付款交单托收方式等。

2. 交易实际情形

在实际选用结算方式时,应结合该笔交易的实际情形:如货物畅销与否;国际市场近期价格的波动;客户的交易额及可发展性等因素,灵活掌握。

3. 业务中使用何种贸易术语

在国际贸易业务中,并不是任何结算方式能适合每一种交货方式和运输方式的。最常见的情形如下:

(1)在使用 CIF、CFR 等属于象征性交货或称推定交货术语的交易,卖方交货与买方收货不在同时发生,转移货物所有权是以单据为中介的,就可选择跟单信用证方式进行结算,也可采用跟单托收结算货款。

(2)在以 FOB、FCA 条件达成的买卖合同中,虽然在实际业务中也可凭运输单据,例如凭提单和多式联合运输单据交货与付款,但这些合同的运输由买方安排,由卖方将货物装上买方指定的运输工具,或交给买方指定的承运人,卖方或接受委托的银行很难控制货物,所以也不提倡采用托收结算方式。

二、不同结算方式的有机结合

在国际贸易业务中,通常来讲,一笔业务只选择一种结算方式,或汇付、或托收、或信用证等。但为了取长补短,做到既能加快资金周转,又能确保收付外汇的安全,以利达成交易,提高竞争力,在同一笔业务中选择两种或两种以上的结算方式结合起来使用是比较有效的做法。目前常见的有以下几种。

1. 信用证与汇付相结合

信用证与汇付结合是指部分货款采用信用证方式,余额货款采用汇付方式。例如买卖粮食、矿砂等散装货物,实际交货数量无法精确的时候,买卖合同规定 90% 货款以信用证方式付款,其余 10% 待货物运抵目的港,经检验核实货物数量后,按实际余数金额用汇付结算方式支付;或者一些需要调试的设备,经常在合同中规定大部分款项用信用证方式结算外,将5%～15%的余额作为质量保证金,留待设备到达安装调试没有问题后再使用汇付方式支付给卖方;对于特定商品或特定交易需进口商预付定金的,也有规定5%～10%预付定金先于货物以汇付方式支付,其余货款待货物交付后以信用证方式结算。

2. 信用证与托收相结合

这种结合是指不可撤销信用证与跟单托收两种方式的结合,其具体做法是一笔交易的货款部分以信用证方式付款,其余部分以托收方式结算。

在实际运用时,托收必须是付款交单方式,出口商要签发两张汇票,一张用于信用证项下部分的货款凭光票支付;另一张须随附全部规定的单据,按跟单托收方式结算处理。

3. 跟单托收与预付款相结合

主要采用跟单托收,并由进口商预付部分货款作为保证。出口商收到预付款后发运货物,并委托银行收取余额部分,托收采取付款交单方式。若托收被拒付,出口商可将货物运回,而用已收预付款项来弥补来往运费、保险费、利息及其他的损失费用。

4. 备用信用证与跟单托收相结合

采用备用信用证与跟单托收相结合的方式,主要是为了防止跟单托收下的货款遭到进口商拒付,此时即可凭备用信用证利用开证行的保证追回货款。

在这种做法时,为便于在被拒付后能有充裕时间办理向银行追偿手续,备用信用证的到期日必须晚于托收付款期限后一段适当的时间。

当然,除了以上常见四种结合方式外,还可以有其他结合方式。如一些大型设备、成套机械等大金额合同,制造周期长、检验手段复杂,或者交货条件严格的合同,还会采用如对开保函与分期付款结合、预付款和延期付款结合等结算方式。实际业务中还有将两种以上方式结合的结算组合等。

例1:50% of the invoice value is available against clean draft at sight while the remaining 50% of documents be held against payment at sight under this credit. The full set of the shipping documents of 100% invoice value shall accompany the collection item and shall only be released after full payment of the invoice value. If the importer fails to pay full invoice, the shipping documents shall be held by the issuing bank (or paying bank) at the exporter's disposal.

中文大意:50%发票金额凭即期光票支付,其余50%即期付款交单。100%发票金额的全套货运单据随附于托收项下,于申请人付清发票全部金额后交单。若进口商不付清全部金额,货运单据由开证银行掌握,凭出口商指示处理。

例2:Shipment to be made subject to an advance payment or down payment amounting ×××to be remitted in favour of seller by T/T and the remaining part on collection basis, documents will be released against payment at sight.

中文大意:装运货物以电汇向卖方提交预付款×××为前提,其余部分采用托收凭即期付款交单。

☀ **观点集锦**

1. 信用证结算程序看似复杂,其实厘清关系即可明朗化。
2. 汇付、托收是商业信用,信用证是银行信用。注意根据合同实际情况灵活采用。

　　本项目主要介绍国际贸易支付条款的内容,国际贸易结算中汇付、托收和信用证等三种常用结算方式的当事人以及实际结算流程。货款结算问题直接关系到买卖双方的切身利益,也是了解国际贸易买卖合同的重点内容。厘清各结算方式当事人之间的关系以及各自在其中的责任义务,有助于我们更好地掌握结算实际操作的流程,为将来从事国际商务相关工作打好基础。

项目六　合同的商订与履行

【学习目标】

熟悉交易磋商的环节及内容;熟悉发盘与接受的含义;熟悉有效发盘和接受的基本条件;能初步填制合同(销售确认书);了解合同订立的注意事项;知道进出口合同履行的一般程序。

任务一 熟悉合同商订环节

合同商订过程就是合同磋商过程,即指买卖双方就各项交易条件进行洽谈,以期达成一致的过程。交易磋商是国际贸易中不可缺少的关键环节,是签订合同的法定程序,磋商决定合同质量,直接关系到企业的经济利益。而合同目的的实现是通过合同履行来完成的,合同是否完全履行,关系到国际贸易中款项或货物的安全交接。所以,合同商订与合同履行具有重要意义。

活动一 认识合同磋商的形式与环节

情景导入

上海顺风进出口有限公司于6月1日向美国B公司发盘,限6月10日前复到有效。B公司于6月8日来电要求降价,我方置之不理,于9日与另一公司成交。B公司于9日又来电表示撤销其8日还盘,全部接受我方发盘。我方以货物已经售出为理由拒绝B公司来电。张刚疑惑:这种情况下,我方拒绝B公司算不算违约?我方与B公司之间是否存在合同关系?

一、交易磋商的形式

1. 口头磋商

口头磋商即交易双方直接在谈判桌上面对面地谈判,如参加各种交易会、洽谈会,以贸易小组出访、邀请客户来华洽谈交易等。此外,还包括双方通过国际长途电话进行交易的磋商。这种磋商形式比较直接,面对面地交流,便于了解对方的诚意和态度,采取相应的对策。

2. 书面磋商

书面磋商是指交易双方通过信件、电报、电传和电子邮件等通信方式来洽谈交易。这种交易方式简便易行,成本低廉。国际贸易中,许多交易都是通过若干次磋商才能协商一致的。

二、交易磋商的环节

在国际贸易买卖合同中,磋商一般包括四个环节:询盘、发盘、还盘和接受,其中,发盘和接受是必不可少的两个基本环节(见图6-1)。

图6-1 合同磋商环节

国际贸易业务流程

1. 询盘

询盘（Enquiry）又称询价，是指买方为了购买或卖方为了销售货物而向对方提出有关交易条件的询问。其内容可以是询问价格，也可询问其他一项或几项交易条件，并要求对方向自己作出发盘。

在外贸业务中，询盘可由买方发出，也可由卖方发出，可采用口头方式，也可采用书面方式。询盘对于询盘人和被询盘人均无法律上的约束力，而且不是交易磋商的必经步骤，但它往往是一笔交易的起点。

例如：请报 500 辆"永久"牌自行车 CIF 新加坡的最低价，3 月装运，尽速电告。又如：可供特级中国龙井茶叶，8 月至 9 月装船，请递盘。

2. 发盘

发盘（Offer）又称报盘、报价、发价，在法律上称为"要约"，是买方或卖方向对方提出各项交易条件，并愿意按照这些条件达成交易、订立合同的一种肯定的表示。买方发盘也称递盘。发盘是交易磋商的必要环节，具有法律约束力。

在实际业务中，发盘通常是一方在收到对方询盘之后提出的，但也可不经对方询盘而主动向对方发盘。在发盘的有效期内，发盘人不得任意撤销或修改其内容。发盘一经对方在有效期内表示接受，发盘人将受其约束，并承担按发盘条件与对方订立合同的法律责任。

例如：感谢 7 月 10 日的询价。今 7 月 12 日已经去函，报 1000 台"长虹"液晶电视规格 0228 每台 220 美元 CFR 曼谷净价，装运期为 11 月或 12 月，以 7 月 30 日前复到为准。该发盘中，发盘日为 7 月 12 日，有效期为 7 月 30 日。

3. 还盘

还盘（Counter-Offer）又称还价，是受盘人对发盘内容不完全同意而提出的修改或变更的表示，具体表现在对商品的价格或对交易的其他条件提出不同意见。

还盘既是受盘人对发盘的拒绝，也是受盘人以发盘人的地位所提出的新发盘。发盘一经对方还盘，原发盘即失去了效力。一笔交易有时可不经过还盘即可达成交易，有时要经过多次的还盘才能达成交易。

例如：已收到你方 7 月 15 日来信，报 1000 台"长虹"液晶电视每台 200 美元 CIF 曼谷。价格太高，如降价 10%，我方可成交。请尽快答复。

小看板

《联合国国际货物销售合同公约》对还盘的规定

《公约》第 19 条规定：对发盘表示接受但载有添加、限制或其他更改的答复，即为拒绝该项发盘并构成还盘。特别是对有关货物价格、付款、货物质量和数量、交货地点和时间、一方当事人对另一方当事人的赔偿责任范围或解决争端等添加或不同条件，均视为在实质上的变更发盘的条件。

---

4. 接受

接受（Acceptance）是指交易的一方无条件同意对方在发盘（或还盘）中提出的各项交易条件，并愿意按这些交易条件达成交易，订立合同的表示。法律上称之为"承诺"。发盘一经接受，合同即告成立，对买卖双方都产生法律上的约束力。

例如:你 7 月 20 日来电接受。

张刚在熟悉合同磋商环节后,豁然开朗:

我方拒绝 B 公司不算违约。我方与 B 公司之间不存在合同关系。因为我方的发盘有效期为 6 月 10 日,B 公司 6 月 8 日来电并非接受而是要求降价,这意味着 B 公司还盘。发盘一经还盘,我方 6 月 1 日的发盘已失效。B 公司 9 日撤销还盘,并不能使我方原发盘重新生效,故而 B 公司于 9 日所表示的接受无效,合同不成立。

技能活动

【活动目标】

(1) 熟悉合同磋商四环节。

(2) 理解发盘和还盘这两个重要环节。

【活动内容】

填空题: 在国际贸易买卖合同中,磋商程序包括_____、_____、_____和_____四个环节。

案例分析一: 某进出口公司与日本大功株式会社洽谈服装交易的往来函电如下:

(1) 20××年 3 月 10 日来电:请报货号为 MP－YK－49394 女装 1000 套 CIF 大阪。

(2) 20××年 3 月 12 日去电:MP－YK－49394 女装 1000 套纸箱每套 20 美元 CIF 大阪 6 月 30 前装运,即期不可撤销信用证,限 3 月 18 日前复到。

(3) 20××年 3 月 16 日来电:你 12 日电价格高于国际市场价,15 美元 CIF 大阪 6 月 1 日前装运,请速复。

(4) 20××年 3 月 20 日去电:你 16 日来电最低 16 美元,限 3 月 26 日前复到。

(5) 20××年 3 月 23 日来电:你 20 日电确认。

分组讨论:(1)～(5)分别属于哪种交易程序并列出两个不可缺少的程序。

案例分析二: 我某出口企业于 20××年 7 月 1 日用电传向西班牙商人发盘销售某商品,限 7 月 10 日复到,7 月 3 日收到西班牙商人发电传称:"接受但价格减 5%",我方未对此答复。由于该商品市场价格上涨,西班牙商人又于 7 月 5 日来电传表示"无条件接受 7 月 1 日发盘,请电告合同号码"。在此情况下,我方应如何处理? 为什么?

知识拓展

一、交易磋商和合同签订常用词汇列举

订单 Indent	订货;订购 Book;Booking	询盘(询价)Inquiry;Enquiry
实盘 Firm Offer	发盘(发价)Offer	发实盘 Offer Firm
递盘 Bid;Bidding	递实盘 Bid Firm	还盘 Counter Offer
参考价 Reference Price	电复 Cable Reply	速复 Reply Immediately
限＊＊复 Subject to Reply ＊＊	有效至＊＊ Valid Till ＊＊	
有效期限 Time of Validity	限＊＊复到 Subject to Reply Reaching Here ＊＊	

购货合同 Purchase Contract　　　　购货确认书 Purchase Confirmation

销售合同 Sales Contract　　　　　销售确认书 Sales Confirmation

一般交易条件 General Terms and Conditions

以未售出为准 Subject to Prior Sale

需经卖方确认 Subject to Seller's Confirmation

二、交易磋商常用语句列举

例1：请报中号 T 恤衫最惠价。

Please cable offer middle T-shirt most favorable price.

例2：可供豆油，7 月份装运，如有兴趣请电告。

Can supply soybean oil July shipment please cable if interested.

例3：兹发盘 1000 打运动衫，规格按 4 月 14 日样品，每打 CFR 纽约价 84.50 美元，标准出口包装 5 到 6 月装运，以不可撤销信用证支付，限 20 日复到。

Offer 1000 dozen sport shirts sampled April 14th USD 84.50 per dozen CFR New York export standard packing May/June shipment irrevocable sight L/C subject reply here 20th.

例4：你方报价太高还盘 10 美元限 15 日复。

Yours offer price too high counter offer ten US dollars reply 15th.

例5：你方 14 日电我方接受。

Yours 14th we accept.

☀ **观点集锦**

　1. 发盘一经对方还盘，原发盘即失去了效力。

　2. 发盘一经接受，合同即告成立，对买卖双方都产生法律上的约束力。

活动二　解析发盘与接受

情景导入

　　上海顺风进出口有限公司向英国商人询售某商品，不久我方接到英国商人发盘，有效期至 7 月 22 日。我方于 7 月 24 日用电传表示接受对方发盘，对方一直杳无音讯。因该商品供求关系发生变化，市价上涨，8 月 26 日对方突然来电要求我方必须在 8 月 28 日前将货物发出，否则，我方将要承担违约的法律责任。业务员小王问张刚：我方是否应该发货？为什么？

一、发盘

1. 构成有效发盘的条件

（1）表明订约意旨。一项发盘必须表明订约意旨。根据现行法律和《公约》的规定，一方当事人是否向对方表明在发盘被接受时承受约束的意旨，是判别一项发盘的基本标准。

（2）向一个或一个以上特定的人发出。所谓"特定的人"，是指在发盘中指明个人姓名或企业名称的受盘人。受盘人可以是自然人，也可以是法人。但"特定化"不能泛指广大的公众。这种规定的目的是把刊载着商业广告或向广大公众散发的商品目录、价目单等行为与发盘区别开来，前者是向广大公众发出的，即所谓的"广而告之"，而不是向某一个或几个特定的人发出的。按照许多国家的法律，普通的商业广告都不具有发盘的作用，而只是一项发盘邀请。

（3）发盘内容必须十分确定。按《公约》第14条规定，一项订约只要列明货物、数量和价格三项条件，即可被认为其内容"十分确定"，而构成一项有效的发盘。如该发盘为受盘人所接受，即可成立合同。在实际外贸业务工作中，我国企业在对外发盘时，应明示或暗示至少规定六项主要交易条件，即货物品质、数量、包装、价格、交货和支付条件。

（4）发盘在送达受盘人时生效。这是《公约》和各国法律普遍的要求。无论是口头的还是书面的，只有被传达到受盘人时才生效。

2. 发盘有效期

在国际货物买卖中，凡是发盘都是有有效期的。发盘的有效期是指可供受盘人作出接受的期限。这主要有两层意思：一是发盘人在发盘有效期内受约束，即如果受盘人在有效期内将接受通知送达发盘人，发盘人承担按发盘条件与之订立合同的责任；二是如超过了有效期，发盘人将不再受约束。因此，发盘的有效期，既是对发盘人的一种限制，也是对发盘人的一种保障。

例如：规定最迟接受的期限，"发盘限10日复到此处"；又如：规定一段接受时间，"发盘十天内复"。

3. 发盘终止

发盘的终止是指发盘法律效力的消失。主要有如下一些情况：

（1）在有效期内未被接受而过时；

（2）被受盘人拒绝或还盘；

（3）发盘人在受盘人做出接受前对发盘进行有效的撤销或撤回；

（4）法律的适用，如发盘人在发盘被接受前丧失行为能力（死亡、精神失常、破产等）。

 小看板

《联合国国际货物销售合同公约》对发盘的规定

《公约》第14条规定：向一个或一个以上特定的人提出的订立合同的建议，如果十分确定并且表明发盘人在得到接受时承受约束的意旨，即构成发盘。一个建议如果写明货物并且明示或暗示地规定数量和价格，即为十分确定。

《公约》第15条规定：发盘于送达受盘人时生效。

《公约》第17条规定：一项发盘即使是不可撤销的，于拒绝通知送达发盘人时终止。

二、接受

1. 构成有效接受的条件

（1）接受必须由受盘人做出，才具有效力。这个受盘人就是发盘时的"特定人"，任何第三人对发盘的接受对发盘人都没有约束力，只能被看成对发盘人的一项新的发盘。

（2）接受的内容必须与发盘的内容相一致。接受是受盘人无条件同意发盘人所提出的内容的意思的表示。如果受盘人在接受中将发盘的内容进行添加或变更，则此项接受就不是接受而是一项新的发盘，是对原发盘的拒绝。

（3）接受必须采取明示的方式。《公约》第18条规定，接受必须由特定的受盘人表示出来，缄默或不采取任何行动不等于接受。

（4）接受必须在发盘有效期内送达到发盘人。发盘中通常都规定有效期，受盘人只能在有效期中做出接受，才具有法律效力。如发盘中未规定有效期则应在合理的时间内作出接受方为有效。

2. 逾期接受

逾期接受，是指接受通知超过发盘规定的有效期限或发盘尚未具体规定有效期限而超过合理时间才传达到发盘人。

 小看板

《联合国国际货物销售合同公约》对接受的规定

《公约》第18条规定：接受必须由特定的受盘人表示出来，缄默或不采取任何行动不等于接受。

《公约》第21条规定：超过发盘有效期送达发盘人的接受属逾期接受，原则上无效，但只要发盘人毫不延迟地用口头或书面通知受盘人，认为该项逾期接受可以有效，合同于认可接受通知送达发盘人时订立。

豁然开朗

这个问题没能难倒好学的张刚，他很自信地回答小王：

我方不应发货。因为我方7月24日用电传表示的接受，已超过发盘规定的有效期，不具有接受的效力，仅相当于一项新的发盘，买卖双方之间无合同关系。该商品的市场行情上涨，我方应寻找出价较高的买方将货物销售出去。

技能活动

【活动目标】

（1）熟悉发盘和接受的有效条件。

（2）理解逾期接受的含义。

【活动内容】

填表：用表格的形式列出发盘和接受的有效条件。

磋商环节	该环节有效的条件
发　盘	
接　受	

案例分析一：我国某出口企业于 8 月 2 日向意大利商人发盘供应山东花生 3000 公吨，限 8 月 8 日复到，意大利商人表示接受的电传于 8 月 9 日上午送到我方，当时我方即电话通知对方接受有效，并着手备货。一周后，花生价格下跌，意大利商人于 8 月 15 日来电称：9 日电传系在你方发盘已失效时作出，属无效接受，故合同不能成立。

分组讨论：(1)什么是逾期接受？(2)意大利商人这一说法和做法合理吗？

案例分析二：杭州丝绸公司与美国 MSDY 公司订有长期贸易协议。协议规定："卖方必须在收到买方订单后 15 天内答复，若未答复则视为已接受订单。"11 月 1 日杭州方收到美方订购 2000 件服装的订单，但直到 12 月 25 日我方才通知美方不能供应 2000 件服装，美方认为合同已经成立，要求供货。

分组讨论：双方的合同是否成立？为什么？

知识拓展

实盘（firm offer）与虚盘（non-firm offter）

在我国外贸实践中，发盘按法律约束力不同分为实盘和虚盘两种。在一般情况下所说的发盘是指实盘，实盘指内容明确、完整且没有保留条件的发盘，即能够使合同成立的有效发盘。而虚盘是内容有欠明确或欠完整或带有保留条件的发盘，即发盘人有某种保留且并没有肯定订立合同意图的、没有任何法律约束力的发盘。

实盘与虚盘区别在于，实盘在规定的有效期内对发盘人有约束力，而虚盘则对发盘人无约束力。发盘人对其发出的虚盘可以随时撤销或变更，即使对方对虚盘表示接受，仍须由发盘人最后确认才算达成协议，合同才告成立。

实盘必须具备两个主要条件：一是交易条件必须明确、完整、肯定，一般应包括拟将订立合同的主要条件，如商品的品名、品质、规格、数量、价格、装运期、支付方式等；二是规定发盘的有效期限。

虚盘通常最后都附有保留条件，如"以我方货未售出为准（Subject to Goods Unsold）"或"以我方最后确认为准（Subject to Our Final Confirmation）"等。虚盘实质上是一种发盘邀请。

> ☀ **观点集锦**
>
> 在磋商交易过程中，必须掌握发盘的各项法律原则和业务做法，弄清当事人的行为是实盘还是虚盘，以免引起误解或纠纷。

活动三　填　制　合　同

情景导入

张刚的勤奋好学获得了公司同事和领导的一致好评。一天，业务员小王想考考张刚，便拿来下列资料和合同样本，让张刚按照来函订立销货合约（编号为 CD - YULC6902）。

卖方：Shanghai Yuancheng Imp & Exp. Company

地址：18th Floor, Zhongshan Mansion, 1000 Zhongshan Road Shanghai

200063, China

电话:86 - 021 - 66544810

买方:Yongfeng Corporation, Singapore

地址: Rm 1008 - 1011, Office Tower, Convention Plaza. Wanchai, H. K

电话:852 - 2782 - 6892

传真:852 - 2782 - 6810

货物名称及规格:CHINESE RICE F. A. Q

BROKEN GRAINS (MAX) 20%

ADMIXTURE (MAX) 0. 3%

MOISTURE (MAX) 12%

数量:2000 metric tons

单价: USD 360. 00 CIF SINGAPORE

(每公吨360.00美元CIF新加坡)

包装条件:1 M/T in a new gunny bag, total 2000 bags

(每1公吨装进一个新麻袋里,共装2000袋)

装运条件:To be effected during NOV/DEC, 20×1 from Shanghai to Singapore, allowing partial shipments and transshipment

保险条件:To cover 110% of invoice value against all risks as per and subject to Ocean Marine cargo Clauses of P. I. C. C

付款条件:The buyer shall open through a bank acceptable to the seller an irrevocable sight L/C to reach the seller 30 days before October 15,20×1

合同应填制如下:

CONTRACT

合 同

(1) **CONTRACT NO**(合同号码):

(2) **BUYERS**(买方):　　　　　　　(3) **SELLERS**(卖方):

This Contract is made by and between the Buyers and the Sellers, whereby the Buyers agree to buy and the Sellers agree to sell the under-mentioned commodity on the terms and conditions stipulated below:

Commodity Size 货物名称及规格 (4)	Quantity 数量 (5)	Unit Price 单价 (6)	Amount 金额 (7)

Total Amoubt(总值): **SAY US DOLLARS SEVEN HUNDRED AND TWENTY THOUSAND ONLY**(5% More or Less in Amount and Quantity Allowed at the Seller's Option)

(8) **Packing**:

包装

国际贸易业务流程

（9）Shipment：
装运
（10）Insurance：
保险
（11）Port of Shipment：
装运港
（12）Port of Destination：
目的港
（13）Terms of Payment：
付款条件
（14）The Seller   （15）The Buyer
卖方   买方

一、合同成立的时间和条件

按《公约》规定，合同在接受送达发盘人时生效，接受生效的时间就是合同成立的时间。合同一经成立，买卖双方即存在合同关系，彼此之间应受合同约束。但合同是否有法律效力，还要看是否具备以下条件：

第一，合同必须在双方自愿的基础上达成意见一致。

第二，必须是双务合同，即权利和义务对等。

第三，合同标的和内容必须合法。

第四，合同当事人必须具备资格和行为能力。

二、国际货物买卖合同的形式

国际货物买卖合同的形式及使用名称，并无特定限制。只要经双方当事人同意，可采用正式的合同、确认书，也可采用订单（即买方拟订的货物订购单）、协议（即买卖双方对相关权利和义务进行明确的协议书）或备忘录（即在交易磋商时用以记录洽谈内容的文件）等各种形式。在我国对外贸易中，书面合同主要有合同和确认书两种形式。

1. 合同

合同的内容比较全面详细，除了交易的主要条件，如品名、质量、数量、包装、价格、交货、支付外，还有保险、商品检验、索赔、不可抗力、仲裁条件等。由卖方根据磋商结果草拟的合同称为"销售合同"；由买方根据协商条件拟订的合同称为"购货合同"。

2. 确认书

确认书的内容比合同要简单些，一般只包括主要的交易条件。其中，由卖方出具的确认书称"销售确认书"；由买方出具的确认书为"购货确认书"。

三、订立合同应注意的事项

1. 明确合同双方当事人的签约资格

合同是具有法律效力的约束性文件，因此要求签订合同的双方都必须具有签约资格，否则，即使签订了合同也是无效的。在签约时，要调查对方的资信情况，并要求当事人相互提供有关的法律文件,证明其合法资格。进出口签约人必须是企业的授权代表,不能是未成年人或精神病患者。

2. 应认真斟酌合同文本的每一个词句

起草合同的一方在合同起草过程中,应当根据双方协商的内容,认真考虑写入合同的每一条款,斟酌每一个词句,安排条款的顺序。由于文化上的差异,有时仅仅是一字之差,意思就会有很大的区别。通常合同由谁起草,谁就容易掌握主动。因此,我方应尽量争取起草合同文本,如果做不到这点,也要与对方共同起草合同文本。

3. 合同中的各项条款应具体严密

合同条款太笼统,将不利于合同的履行。合同文字含糊不清、模棱两可,在执行过程中,往往会带来争议。因此,合同中的条款应具体详细、完善严密,明确规定买卖双方应承担的义务及违约的责任,同时应注意各条款之间的协调一致,防止互相矛盾。

4. 必须遵守有关法律、法规、国际公约和国际贸易惯例的相关规定

不符合我国法律规定的合同是无效合同,得不到我国法律的认可和保护。同时,国际贸易是跨国贸易,受他国法律法规及国际公约和国际贸易惯例相关规定的制约,在订立合同中不可忽视。

5. 争取在我方所在地举行合同的缔约或签字仪式

进出口双方达成协议后,举行合同缔结或签字仪式,要尽量争取在我方所在地举行,因为签约地点往往决定采用哪国法律解决合同中的纠纷。根据国际法的一般原则,如果合同中对出现纠纷采用哪国法律未作具体规定的,一旦发生争执,法院或仲裁院就可以根据合同缔约国家的法律来做出判决或仲裁。

豁然开朗

填制这种格式化的合同文本对张刚来说是小菜一碟,他阅读了相关资料,快速地将有关内容填入了正确位置(如下所示)。仔细检查后,把合同交给业务员小王,得到了小王的肯定。

CONTRACT
合　同

CONTRACT NO(合同号码):CD—YULC6902

BUYERS(买方):

Yongfeng Corporation, Singapore

Address: Rm 1008 - 1011, Office Tower, Convention

Plaza. Wanchai, H. K

Tel:852 - 2782 - 6892

Fax:852 - 2782 - 6810

SELLERS(卖方):

Shanghai Yuancheng Imp & Exp. Company

Address: 18th Floor, Zhongshan Mansion, 1000

Zhongshan Road, Shanghai 200063, China

Tel:86 - 021 - 66544810

This Contract is made by and between the Buyers and the Sellers, whereby the Buyers agree to buy and the Sellers agree to sell the under-mentioned commodity on the terms and conditions stipulated below:

Commodity Size 货物名称及规格	Quantity 数量	Unit Price 单价	Amount 金额
CHINESE RICE F. A. Q BROKEN GRAINS（MAX）20% ADMIXTURE（MAX）0.3% MOISTURE（MAX）12%	2000 M/T	USD360.00 CIF SINGAPORE	USD720000.00

Total Amount（总值）**: SAY US DOLLARS SEVEN HUNDRED AND TWENTY THOUSAND ONLY**（5% More or Less in Amount and Quantity Allowed at the Seller's Option）

Packing：1 M/T in a new gunny bag, total 2000 bags
包装

Shipment：To be effected during NOV/DEC，20×1 from Shanghai to Singapore，allowing
装运　　　partial shipments and transshipment

Insurance：To cover 110% of invoice value against All risks as per and subject to Ocean
保险　　　Marine cargo Clauses of P. I. C. C

Port of Shipment：Shanghai
装运港

Port of Destination：Singapore
目的港

Terms of Payment：The buyer shall open through a bank acceptable to the seller an irrevocable
付款条件　　　　　　sight L/C to reach the seller 30 days before October 15，20×1

The Seller（卖方签章）　　　　　　　　**The Buyer**（买方签章）
Shanghai Yuancheng Imp & Exp. Company　　Yongfeng Corporation，Singapore
××× 　　　　　　　　　　　　　　　　　×××

技能活动

【活动目标】
能初步填写合同。
【活动内容】
案例实操一：上海三兴贸易公司与香港莱斯贸易有限公司于 20×1 年 3 月 10 日签订一笔出口 1000 套玻璃器皿的贸易合同,合同号码是 SBUM-02-Y357,合同用中文来签署,订立日 3 月 10 日生效。货物每套 65 美元,每 10 套装 1 个纸箱,纸箱内衬海绵,10 个纸箱装 1 个木箱。装运港是上海,装运时间为 20×1 年 5 月 15 日,目的港香港。允许分批装运,信用证支付方式。保险由卖方按发票金额的 110% 投保伦敦货物协会险 A 险。请分析指出合同的约首、文本和约尾并根据所给的合同文本,填制合同第(1)～(16)的有关内容。

销售确认书
SALES CONFIRMATION

（1）S/C No：　　　　　　　　　　（2）Date：
（3）The Seller：　　　　　　　　　（4）The Buyer：

We, the Seller, hereby confirm having sold to you, the Buyer, the following goods on terms and conditions as specified below:

(5) Commodity and Specification(货物品名及规格):

(6) Quantity(数量):

(7) Packing(包装):

(8) Unit Price(单价):

(9) Total Value(总值):

(10) Time of shipment(装运时间):

(11) Port of loading(装运港):

(12) Destination(目的港):

(13) Insurance(保险):

(14) Terms of payment(支付条件):

(15) The Seller:　　　　　　　(16) The Buyer:

(签名)　　　　　　　　　　　(签名)

案例实操二:加拿大 KPG 公司 20×1 年 2 月 5 日来电洽购足球,与恒通公司交换电报如下,请分析电文判断其性质并根据双方达成的条件,填制售货确认书中①～⑨项内容。

(1)5 日去电,订足球货号 391,数量 2000 只,足球货号 392,数量 2000 只,4 月装运。请发实盘。

(2)收到你方 6 日来电,可供足球货号 391,数量 2000 只,每只 2.40 美元;货号 392,数量 2000 只,每只 2.20 美元。4 月装运,以即期信用证付款。以上在 9 日前复到有效。

(3)收到你方 7 日来电。每种数量为 2000 只,价格分别为 2.20 美元和 2.00 美元。3 月装运,30 天远期信用证。请速复。

(4)收到你方 8 日来电,3 月订单较多,供不应求,你方价格太低,无法成交。

(5)收到你方 10 日来电。现递实盘:每种 2000 只,足球货号 391 每只 2.30 美元,足球货号 392 每只 2.10 美元。保险按发票价值的 120% 投保一切险和战争险。即期信用证,4 月装运,每 50 只装一个纸箱。请在 14 日前复到。

(6)收到你方 12 日来电。数量 10% 溢短装,由卖方决定。足球货号 391 数量 2000 只每只 2.25 美元,足球货号 392 数量 2000 只每只 2.15 美元。即期信用证付款,4 月装运。每 50 只装一个纸箱。15 日前复到有效。

(7)收到你方 13 日来电。速开信用证,请电告合同号码。

(8)收到你方 15 日来电。销售确认书号码为 TY01—26889。

上海恒通公司
SHANGHAI HENGTONG CORPORATION
售货确认书
SALES CONFIRMATION

电报/电传:　　　　　　　　　　编号:①

　　　　　　　　　　　　　　　日期:DATE: FEB 16,20×1

致(TO):KPG, Canada

确认售予你方下列货物,其条款如下:

We hereby confirm having sold to you the follwing goods on terms conditions as stated below:

（1）货物名称及规格、包装 Name of Commodity，Specification，Packing	（2）数量 Quantity	（3）单价 Unit Price	（4）总值 Total Amount
② ③ Packing：In cartons of 50pcs each，total 80 cartons	④ ⑤ 10% more or less at the seller's option	⑥ ⑦	⑧ ⑨
合同金额 Contract value：Say United States Dollars Eight Thousand Eight Hundred Only.			

（5）装运：To be effected during APRIL 20 ×1 from Shanghai to Vancouver, Canada
Shipment：allowing partial shipment and transshipment

（6）保险：To be covered by the seller for 120% of invoice value against ALL risks and WAR risk as per and Insurance subject to Ocean Marine Cargo Clauses of PICC

（7）付款：By irrevocable L/C

（8）买方（The Buyer）　　　　　　　　　　　　（9）卖方（The Sellers）

KPG，Canada　　　　　　　　　　　　　　　Shanghai Hengtong Company

知识拓展

一、我国《合同法》所规定的 15 类合同

我国《合同法》所规定的 15 类合同,包括买卖合同,供用电、水、气热力合同,赠予合同,借款合同,租赁合同,融资租赁合同,承揽合同,建设工程合同,运输合同,技术合同,保管合同,仓储合同,委托合同,行纪合同和居间合同。

二、常见合同的英文名称

买卖合同 Contract Note　　　　　　　　雇佣合同 Contract of Employment
运输合同 Contract of Carriage　　　　　仲裁合同 Contract of Arbitration
订货合同 Contract for Goods　　　　　　采购合同 Contract for Purchase
劳务合同 Contract for Service　　　　　期货合同 Contract for Future Delivery
销售合同 Contract of Sale　　　　　　　保险合同 Contract of Insurance

三、国际货物买卖合同的特征

第一,合同当事人的营业地处于不同的国家或地区。

第二,合同标的是进出口货物。

第三,合同内容涉外因素多。

第四,合同法律适用将可能是各国国内法、国际公约、国际条约及国际贸易惯例。

☀ **观点集锦**

1. 磋商是合同的根据,合同是磋商的结果。
2. 合同成立并不表示一定具有法律效力,还要看合同是否具备受法律保护的条件。

任务二　认识合同履行程序

合同签订后,进口企业要履行付款和收货的义务,出口企业要准备货物,及时装运和提交有关单据。买卖双方都应严格按照合同规定,履行各自的合同义务,否则,不履行合同义务或不按合同规定履行的一方就应承担违约的法律责任。

活动一　认识进口合同的履行程序

情景导入

上海顺风进出口有限公司从马来西亚进口南瓜籽 10000 公吨,合同规定 4 月底以前我方把信用证开出,5 月份装船。由于该商品是以销定产的,所以马来西亚公司立即安排生产以免耽搁船期。但到了 4 月底我方仍未开出信用证,对方一再催问后,我方提出需要更改货物规格。这时马来西亚那边大部分货物已经备妥,已无法更改。张刚担心自己的公司也会遇到这种情况而遭受损失,于是他反思:对此马来西亚公司应如何处理? 应该吸取什么教训?

贸易术语不同、结算方式不同,合同的履行程序也有所不同。在国际货物买卖中,进口贸易采用 FOB 术语和信用证结算方式较为多见,以下介绍 FOB 和信用证结算条件下进口合同的履行程序(见图6-2)。

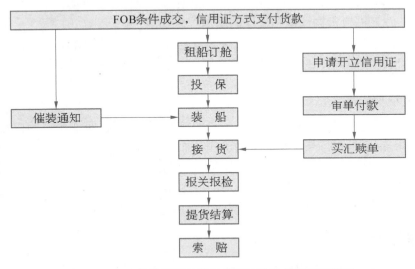

图6-2　FOB 价信用证付款条件下的进口合同履行程序

一、申请开立信用证

及时开立信用证是进口商的主要责任之一。进口商应在规定期限内向当地银行申请开立信用证。申请开证的一般手续如下：

图6-3　申请开证程序

　　信用证开出后，如发现其内容与申请书或合同不符，就需要进行修改。信用证的修改可以是开证申请人提出，也可以是受益人即出口方提出。由于修改信用证涉及各个当事人（开证行、保兑行、受益人）的利益，因此，按照国际惯例，信用证尤其是不可撤销的信用证在修改时须征得有关当事人同意才能生效。对修改信用证要持慎重态度，对需要修改的内容原则上应一次提出，因为改证费用较高，而且多次修改有可能会延误货物装运。对修改的内容只能全部接受或全部拒绝，不允许部分接受。

二、派船接货

　　在 FOB 合同中，进口商负责派船到指定港口接货。我国进口企业往往将这项工作委托给外运公司代办。手续办妥后，进口商要将船名、船期通知国外卖方，以便对方备货和做好装船准备。

　　由于 FOB 条件下保险由进口商办理，我方应督促卖方在货物装船后及时发出装船通知，以便及时办理保险手续。

三、投保

　　按 FOB、FCA、CFR 和 CPT 条件进口，货物交至装运港船上或交付承运人，风险即由卖方转移给买方。为转移货物海上运输的风险，买方一般需向保险公司办理进口货物运输保险。对于进口货物运输保险，我国目前有两种做法，即预约保险和逐笔保险。

　　在 FOB 条件下进口货物托运和投保的基本程序如下：

　　①进口商填好托运单并办理托运手续；②将船名、航次及时通知出口商；③出口商将货物装船后及时发出装船通知；④进口商向保险公司投保，取得正式保险单。

四、审单付款

　　为保证卖方提交的单据完全符合买方开立的信用证的条款，保证买方的权益，必须认真做好审单工作。审单是银行与企业的共同责任。如开证行发现单据表面上不符合信用证条款，一般会先与进口商联系，征求进口商意见是否同意接受不符点，进口商若表示可以接受，即可指示开证行对外付款，也可表示拒绝，指示开证行对外提出异议，通常寄单通知受益人更正单据或由国外银行书面担保后付款，或改为货到检验后认可付款。

五、报关报检

　　报关是进口货物按海关规定的手续向海关办理申报验放的过程。货到目的港后，进口商要根据进口单据填写进口货物报关单，连同发票、提单、装箱单或重量单、保险单及其他必要文件向海关申报进口，并在海关对货物及各种单据查验合格后，按国家规定缴纳关税，之后，海关才会在货运单据上签章放行。我国的进口业务中，报送手续一般由外运公司代办。

对于法定检验的进口商品,在登记放行后,进口商必须在规定的地点和期限内,携带进口合同的副本、提单和有关单证,向商检机构报验。对于非法定检验的商品,不需办理进口登记,进口商可自行组织检验,一旦发现问题,应保持原状,并立即向当地商检机构申请报验。

我国进口商品检验的一般程序是:

图 6-4　商品检验程序

六、索赔

1. **明确索赔对象**

(1) 数量短少。如果开箱检验时,发现某件货物的实际数量与装箱单不符,应向出口商索赔;如果总的件数与合同不符,而提单表明货物已全数装运时,这时索赔的对象就分别是船公司和保险公司。

(2) 包装破损导致货物受损。如果是出口商提供的包装不适合货物特性或运输条件而导致货损,应向出口商索赔;如果提单是清洁的,而货物有残损或钩损等,应向船公司索赔;如果是运输途中遇到自然灾害或意外事故而导致的,应向保险公司索赔。

(3) 货物的品质规格与合同不符。如货物品质低劣、本身有瑕疵,应向出口商索赔;如是运输途中发生的自然灾害引起的,则向保险公司索赔。

2. **注意索赔期限**

(1) 向出口商提出索赔的期限:一般按合同约定的索赔期限,如果合同中未作明确规定,则为商品的保质期。最长的索赔期限为进口商收到货物之日起 2 年。

(2) 向船公司提出索赔的期限:一般应在提货之日的 3 天之内,如果索赔未被船公司受理,进口商可在货物交付之日起 1 年内对船公司提出诉讼。

(3) 向保险公司提出索赔的期限:根据《公约》的规定,这一期限应为买方实际收到货物之日起 2 年。

进口方对外索赔时,应按合同规定提供索赔清单、商检机构的检验证书、发票、装箱单或重量单、提单副本、保险单及其他必要的文件和单据作为索赔证据。

> **豁然开朗**
>
> 　　张刚认为:马来西亚公司应根据合同向我方交涉赔偿事宜。对此应该接受的教训是:对于以销定产的商品,为防止万一,应待信用证收到后安排生产。如果怕备货不及,就应该将开证日期与装船日期的间隔订得远一些,同时信用证的有效期也要长一些,这样才有回旋的余地。

技能活动

【活动目标】

(1) 认识进口合同的履行程序。

(2) 了解索赔期限的相关规定。

【活动内容】

案例分析一: B 公司进口机器一台,合同规定索赔期限在货到目的港的 30 天内。当货到烟台卸货后,B 公司即将货转运至大连交 A 公司,由于 A 公司厂房尚未建好,机器无法安装,待半年后厂房完工,机器安装好进行试车,发现机器不能很好运转,经商检机构检验证明机器是旧货,于是请 B 公司对外提出索赔,但外商置之不理。分组讨论:(1)外商置之不理有道理吗?(2)我方应吸取的教训有哪些?

案例分析二: 我方凭即期不可撤销信用证进口马达一批,合同规定的装运期为 20 ×1 年 3 月。签约后,我方及时开出信用证,对方则根据信用证及时将货物装运出口。但我方银行在收到的单据上发现商业发票上的商品名称依信用证的规定缮制为 "MACHINERY AND MILL WORKS,MOTORS"。而海运提单上填该商品的统称 "MOTORS"。分组讨论:我方银行可否以此理由拒付货款?为什么?

知识拓展

买汇赎单的含义

进口交易的国外卖方在货物装运后,将汇票与全套货运单据经国外银行寄交我国内开证银行。开证银行收到国外寄来的汇票和单据后,根据"单证一致"和"单单一致"的原则,对照信用证的条款,核对单据的种类、份数和内容,如相符,即由开证银行向国外付款,并通知进口商按当日外汇牌价付款赎回接货单据,进口商接到单据之后就可接受货物。

> ☀ **观点集锦**
>
> 实际业务中,进口方首先应按合同规定申请开证,并负责订立运输合同和办理保险。收到出口方交来的单据,要认真审核,确定无误后,付清货款,然后办理进口报关、接货,并对收到货物进行检验,如有缺陷,还要提出索赔。

活动二 认识出口合同的履行程序

情景导入

张刚作为上海顺风进出口有限公司的代表与一外商 B 公司成交出口货物一批,规定 9 月份装运。B 公司按期开来信用证,但计价货币与合同规定不符,加上我方货未备妥,直到 11 月对方来电催装时,我方才向对方提出合同货币改证要求并请求延长装运期。次日,外商复电:"证已改妥"。我方据此发运货物,但信用证修改始终未到。寄单到开证行时被以"证已过期"为由拒付,致使我方遭受重大损失。张刚为此做了深刻检讨。

贸易术语不同、支付方式不同,出口合同的履行程序也不同。在我国对外贸易中,广泛采用 CIF 价格信用证支付方式的出口合同,其履行程序见图 6-5。

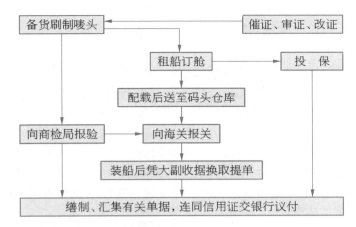

图 6-5　CIF 价格信用证付款条件下的出口合同履行程序

一、备货与商检

备货是履行出口合同的首要环节。主要内容包括：按合同与信用证的要求生产加工或组织货源，检查货物的加工、整理、包装与唛头刷制情况，对已交货物进行验收与清点，出口商品申报检验和办理出口许可证等。在备货工作中，应注意以下事项。

1. 发运货物的时间

为保证按时交货，要根据合同与信用证对装运期的规定并结合船期安排好供货工作，使船货能够衔接，以防止出现"船等货"或"货等船"的情况。

2. 货物的品质、规格和数量

交付货物的品质、规格和数量都必须符合约定的要求，如果不符，要进行筛选、加工、整理，直至达到合同要求。数量如约定可以溢短装多少百分比时，则必须考虑满足溢短装部分的需要。

3. 货物的包装

按约定条件包装，核实包装是否符合长途运输与保护商品的要求。如发现包装不良或有破损，要及时调整或调换。在包装明显部位要按约定的唛头刷制，同时注意包装上的其他各种标志是否符合要求。

4. 货物的出口申报与检验

按《进出口商品检验法》规定，凡属于法定检验和合同或信用证中规定由商检机构检验出证的出口商品，出口方在货物装运前必须到商检机构申请检验。检验合格者，由商检机构发给合格证书，海关才能放行。非法定检验但须商检出证的商品，没有经过商检机构检验和发放相应证书，银行不予结汇。根据我国出口许可证管理制度规定，出口单位出口许可证管理范围内的商品，必须在货物出口前向出口许可证管理部门取得货物出口许可证，于货物出口报关时向海关提供出口许可证，否则海关不接受其报关。

二、催证、审证和改证

1. 催开信用证

按时开立信用证是买方的义务。但在实际业务中，买方由于资金等各种原因拖延开证时有发生。所以,必要时卖方可催促对方开立信用证。催开信用证的方法有很多,如信函、电报、电传、传真、电子邮件,或请银行或我驻外机构协助代为催证。

2. 审核信用证

从理论上讲,国外开来的信用证应与买卖合同内容一致。但在实际业务中,买方开来的信用证可能并非与合同完全相符。一般来说有两种情况:工作疏忽或故意设置陷阱。无论哪种情况,都会给卖方履行合同安全收汇造成隐患。故审证工作非常重要,审证工作主要包括:

(1) 审核开证行的资信情况。开证银行本身的资信与其所承担的信用证付款责任相当,特别对于实行外汇管制或国际支付能力薄弱的国家或国内金融秩序混乱的国家银行开出的信用证,更要重视开证行的资信审查。我国信用证的通知行除核对信用证签名的真实性外,还承担审核开证行资信的责任。

(2) 审核信用证的金额。信用证的金额应与合同一致,若合同订有溢短装条款,则信用证金额也应有相应的机动幅度。但信用证的金额是开证银行支付的最高金额。

(3) 审核装运期。信用证中规定的最迟装运日期要与合同中的装运条款相一致,运输单据的日期不得迟于信用证规定的最迟装运日期。若信用证未规定装运期,则最迟装运日期即为信用证的到期日。

(4) 审核交单期。信用证要规定一个货物在装运后必须向银行交单要求付款或承兑议付的日期,即交单期,所规定的交单期要为受益人装运后制单留有充分的时间。如信用证未规定交单期,则理解为要在运输单据出单日期之后21天内必须交单,受益人必须在交单期内交单,但交单期不能迟于信用证到期日。

(5) 审核到期日与到期地。受益人必须在规定的到期日,在到期地向银行交单要求议付或承兑或付款,没有规定到期日的信用证是无效信用证。到期日应与最迟装运日有一个合理的间隔,以便受益人有充分时间制单,这一间隔通常为7~15天。到期地一般可规定在议付地,否则由于银行审单与邮递过程,受益人将难以把握交单的时效。

(6) 审核信用证的性质。主要审核信用证可否撤销;是否可保兑;汇票的付款人与付款日期;信用证对货物的描述;装运条件;保险条款等内容。

3. 修改信用证

修改信用证又称改证,是对买方开来的信用证进行修改的行为。国际商会 UCP600 规定:未经开证行、保兑行和受益人同意,不可撤销信用证既不能修改,也不能取消。修改信用证流程通常是:

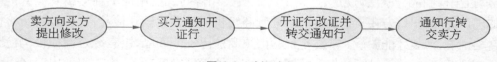

图 6-6　改证流程

三、租船订舱

在使用 CIF 术语成交的出口合同下,出口方须负责租船订舱。我国出口企业一般委托中国对外贸易运输公司(外运公司)代办托运,对于数量大、需整船运输的货物,办理租船手续;对于数量不够整船运输的货物,办理班轮舱位。租船订舱的具体业务流程为:

图 6-7　租船订舱流程

四、向保险公司投保

在 CIF 出口合同下,出口商应于货物装运前,按照买卖合同和信用证的规定向保险公司办理投保手续,取得约定的保险单据。在办理投保手续时,通常应填写投保单,列明投保人的名称、货物名称、唛头、运输路线、船名或装运工具、航程、投保险别、保险金额、投保日期、赔款地点等。

五、向海关报关

报关是指进出口货物在出运前,向海关申报的手续。出口企业在装船前,必须填写"出口货物报关单",连同其他必要的单证,如装货单、合同副本、信用证副本、发票、装箱单、商检证书等送交海关。货物经海关查验货、证、单相符无误并在装货单上加盖放行章后,即可凭以装船。出口报关的业务流程如下:

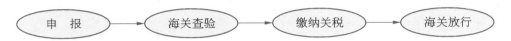

图 6-8　出口报关的业务流程

六、制单结汇

货物装运后,出口企业应立即按照信用证规定,正确缮制各种单据,并在信用证规定的交单期内将有关单据交指定银行办理,要求付款、承兑或议付手续。以信用证方式成交,对单据的要求更加严格,单据是否严格符合信用证规定,直接关系到及时和安全收汇。因此,根据合同和信用证正确缮制单据,是履行出口合同的一个重要环节。

豁然开朗

张刚仔细查阅了相关资料,经分析认为自己的失误之处主要有以下两点:
一是未能及时向买方提出修改信用证的请求,耽误了时间;
二是不应该在未收到信用证改证资料时,仅凭客户改证的电报发运货物。

技能活动

【活动目标】
(1) 熟悉出口合同的履行程序。
(2) 理解装运期、交单期与到期日。

【活动内容】
填空题一: 如信用证未规定交单期,则理解为要在运输单据出单日期之后_____内必须交单。

填空题二: 信用证未规定装运期,则最迟装运日期即为_____。

案例分析一: 某公司出口货物一批,以 L/C 方式成交,买方来证规定:"Shipment: not

later than 31 May 20×1，Expiration date：15 June 20×1"。又规定"This credit is subject to UCP600"。该外贸公司于5月2日将全部货物装船，提单签发日为5月2日，当受益人于5月28日交单议付时，却遭到议付行拒付。

分组讨论：(1)交单期的有效期是什么？(2)议付行拒付有道理吗？

案例分析二：我某出口公司与外商就某商品按CIF即期信用证付款条件达成一项出口合同，合同规定11月装运，但未规定具体开证日期，后因该商品市场价格趋降，外商便拖延开证。我方为防止延误装运期，从10月中旬起即多次电催开证，终使该商在11月16日开来了信用证。但由于该商品开证太晚，使我方安排装运发生困难，遂要求对方对信用证的装运期和议付有效期进行修改，分别推迟1个月。但外商拒不同意，并以我方未能按期装运为由单方面宣布解除合同，我方也就此作罢。

分组讨论：我方如此处理是否适当，应从中吸取哪些教训？

知识拓展

出口结汇概述

货物装运后，出口企业应及时按合同和信用证规定，备制各种单据，并在规定的交单有效期内，将单据交指定银行办理收款和结算外汇的手续（即结汇手续）。

出口结汇的方式有三种：收妥结汇、买单结汇和定期结汇。

（1）收妥结汇是指出口地银行寄出出口单据向外索汇，等接到国外银行将票款转入出口地银行账户的贷记通知时，就按当日外汇牌价折成人民币拨给出口公司。又称"先收后付"。

（2）买单结汇是指出口地银行在审单无误情况下，根据信用证的条款买入出口企业的汇票和单据，并按照票面金额扣除从议付日至估计收到国外货款之日的利息，按议付日外汇牌价折成人民币拨给出口公司。又称"议付"或"出口押汇"。

（3）定期结汇是指出口地银行根据索汇函/电往返所需时间，加上银行处理工作的必要时间，对不同地区预先确定固定的结汇期限（7～14天不等），到期主动将货款折成人民币拨给出口公司。

信用证出口结汇时，应力求"单证一致""单单一致"，否则银行将拒绝付款。

☀ 观点集锦

出口方在履行出口合同时，主要抓住货、证、船、款四大环节。在备货中，要注意合同对货物的有关规定和条件；为确保安全收汇，催证要及时，审证要仔细，必要时还要做好改证工作；货证齐全后，要及时办理出口托运、报关等各种手续，同时应认真制备信用证有关单据，凭以办理结汇。

★★★★★ 项目回顾 ★★★★★

本项目主要介绍了合同商订与履行的常见业务流程。合同商订是进出口贸易成败的关键环节，商订过程就是交易磋商过程，磋商的结果是订立合同。而合同各项条款的落实就是合同的履行。实际业务中，要注意发盘和接受的条件，发盘的有效期和逾期接受的规定。国际贸易中大多采用信用证结算，要掌握信用证的开证、审核、修改等一系列环节。熟悉进出口合同履行程序对学生以后从事国际贸易业务具有重要指导意义。

Shanghai Huamei Light Industrial Products I. & E. Company

No. 210 Beijing East Rd, Shanghai 200221, P. R. China

COMMERCIAL INVOICE

To: ---------------------

Invoice Date: ---------------------

Invoice No. : ---------------------

Contract No. : ---------------------

Contract Date: ---------------------

Shipping Marks	Quantity and Descriptions	Amount

Total Amount in Words:

SHANGHAI HUAMEI LIGHT INDUSTRIAL
PRODUCTS I. & E. COMPANY

国际贸易业务流程

Shanghai Huamei Light Industrial Products I. & E. Company

No. 210 Beijing East Rd, Shanghai 200221, P. R. China

PACKING LIST

To: ....

....

....

....

....

Invoice Date: ....

Invoice No. : ....

Contract No. : ....

Contract Date: ....

Shipping Marks:

Package No.	Packages	Item	Quantity	Gross Weight	Net Weight	Measurements

Total:

Total Packages in Words:

SHANGHAI HUAMEI LIGHT INDUSTRIAL
PRODUCTS I. & E. COMPANY

1. Shipper		

SINOTRANS B/L No.

中外运集装箱运输有限公司
SINOTRANS CONTAINER LINES CO., LTD
BILL OF LADING
For Combined Transport Shipment or Port to Port Shipment

2. Consignee (Non-negotiable Unless Consigned to Order)

RECEIVED by the Carrier from the Shipper in apparent good order and condition unless otherwise indicated herein, the Goods. or the container(s) or package(s) said to contain the cargo herein mentioned. to be carried subject to all the term(s) and conditions provided for on the face and back of this Bill of Lading by the Vessel named herein or any substitute at the Carrier's option and/or other means of transport, from the place of receipt or the port of loading to the port of discharge or the place of delivery shown herein and there to be delivered to Consignee or on-carrier on payment of all charges due.

3. Notify Party (Carrier not to be Responsible for Failure to Notify)

In accepting this Bill of Lading the Merchant hereby expressly accept and agree to all printed, written or stamped provisions. exceptions and conditions of this Bill of Lading, including those on the hereof.

IN WINESS whereof the number of original Bills of Lading stated below have been signed. one of which being accomplished. the other(s) to be void.

ORIGINAL

4. Pre-Carriage by *	5. Place of Receipt *
6. Vessel & Voyage. No.	7. Port of Loading
8. Port of Discharge	9. Place of Delivery *

10. Point and Country of Origin	Forwarding Agent References	Service Contract No.	Document No.	Export References

PARICULARS FURNISHED BY SHIPPER

11. Marks & Nos. Container/Seal No.	No. of Packages or Containers	Description of Contens for Shipper's Use only (not part of this B/L contract)		
		Description of Goods	Gross Weight (Kgs)	Measurement (Cbm)

12. Total Number of Packages or Containers (in words)

13. Freight & Charges			19. No. of Original B(s)/L	Regarding Transhipment Information Please Contact
Optional Declared Value for Increased Freight Charges to Avoid Package Limitation US $			20. Place and Dated of Issue	
14. Prepaid	15. Prepaid at	16. Payable at	21. Signed for the Carrier, Sinotrans Container Lines Co., Ltd.	
17. Total Prepaid	18. Laden on board the Vessel			

* Applicable Only When Document Used as a Combined Transport B/L
Sinotrans Standred Form SNL0101

国际贸易业务流程

中国人保财险

北京2008年奥运会保险合作伙伴

货 物 运 输 保 险 单
CARGO TRANSPORTATION INSURANCE POLICY

总公司设于北京　　　一九四九年创立
Head Office Beijing　　Established in 1949

发票号(INVOICE NO.)

合同号(CONTRACT NO.)

信用证号(L/C NO.)

被保险人

INSURED

保单号次

POLICY NO.

中国人民财产保险股份有限公司(以下简称本公司)根据被保险人的要求,由被保险人向本公司缴付约定的保险费,按照本保单承保险别和背面所载条款与下列特款承保下述货物运输保险,特立本保险单。

THIS POLICY OF INSURANCE WITNESSES THAT PICC PROPERTY AND CASUALTY COMPANY LIMITED (HEREINAFTER CALLED "THE COMPANY") AT THE REQUEST OF THE INSURED AND IN CONSIDERATTON OF THE AGREED PREMIUM PAID TO THE COMPANY BY THE INSURED. UNDERTAKES TO INSURE THE UNDERMENTIONED GOODS IN TRANSPORTATION SUBJECT TO THE CONDITIONS OF THIS POLICY AS PER THE CLAUSES PRINTED OVERLEAF AND OTHER SPECIAL CLAUSES ATTACHED HEREON.

标记 MARKS & NOS	包装及数量 QUANTITY	保险货物项目 DESCRIPTION OF GOODS	保险金额 AMOUNT INSURED

总保险金额:

TOTAL AMOUNT INSURED _____

保费:　　　　　　　启运日期:　　　　　　　装载运输工具:

PREMIUM _____ DATE OF COMMENCEMENT _____ PER CONVEYANCE _____

自　　　　　　　　经　　　　　　　　至

FROM　　　　　　　VIA _____　TO _____

承保险别:

CONDITIONS

所保货物,如发生保险单项下可能引起索赔的损失或损坏,应立即通知本公司下述代理人查勘。如有索赔,应向本公司提交保单正本(本保单共有_____份正本)及有关文件。如一份正本已用于索赔,其余正本自动失效。

　　IN THE EVENT OF LOSS OR DAMAGE WHICH MAY RESULT IN A CLAIM UNDER THIS POLICY, IMMEDIATE NOTICE MUST BE GIVEN TO THE COMPANY'S AGENT AS MENTIONED HEREUNDER. CLAIMS, IF ANY, ONE OF THE ORGINAL POLICY WHICH HAS BEEN ISSUED IN _____ ORIGINAL (S) TOGETHER WITH THE RELEVENT DOCUMENTS SHALL BE SURRENDERED TO THE COMPANY. IF ONE OF THE ORIGINAL POLICY HAS BEEN ACCOMPLISHED, THE OTHERS TO BE VOID.

中国人民财产保险股份有限公司上海市分公司

PICC Property and Casualty Company Limited , Shanghai Branch

赔款偿付地点

CLAIM PAYABLE AT/IN _____

出单日期

ISSUING DATE _____

国际贸易业务流程

地址:中国上海中山南路700号　　　　经办:　　　复核:　　　Settling & Customer Service Centre:

ADD:700 ZHONGSHAN ROAD (S) SHANGHAI CHINA　　　　　　　　(理赔/客户服务中心)86－21－63674274

邮编(POST CODE):200010

保单顺序号　PICC

BILL OF EXCHANGE

No. ----------------------

For ---------------------- ------------------------------------
　　　　　　　　　　　　　　　　　　　　　　　　(place and date of issue)

At ---------------------- sight of this FIRST Bill of exchange (SECOND being unpaid)

pay to the Order of --

the sum of _____
　　　　　　　　　　　　　　　　　　(amount in words)

Value received for ------------------------------------　of　------------------------------------
　　　　　　　　　　　　　　(quantity)　　　　　　　　　　　　(name of commodity)

Drawn under ---

L/C No. ------------------------------------　　dated　------------------------------------

To：----------------------　　　　　　　For and on behalf of

　　　----------------------　　　　　　---
　　　　　　　　　　　　　　　　　　　　　　(Authorized Signature)

ORIGINAL

1. Goods consigned from (Exporter's business name, address country)	Reference No.
	GENERALIZED SYSTEM OF PREFERENCES CERTIFICATE OF ORIGIN (Combined declaration and certificate) FORM A
2. Goods consigned to (Consignee's name, address, country)	Issued in \-- (country) See Notes overleaf
3. Means of transport and route (as far as known)	4. For official use

5. Item number	6. Marks and numbers of packages	7. Number and kind of packages; description of goods	8. Origin criterion (See Notes overleaf)	9. Gross weight or other quantity	10. Number and date of invoices

| 11. Certification
It is hereby certified, on the basis of control carried out, that the declaration by the exporter is correct. | 12. Declaration by the exporter
　　The undersigned hereby declares that the above details and statements are correct; that all the goods were produced in \-----------
(country)
and that they comply with the origin requirements specified for those goods in the Generalized System of Preferences for goods exported to

\--
(importing country) |
| \--
Place and date, signature and stamp of certifying authority | \--
Place and date, signature of authorized signatory |

附件七 中国—东盟原产地证书

正本(第一副本/第二副本/第三副本)

1. 货物运自(出口人名称、地址、国家):	编号: **中国—东盟自由贸易区** **优惠关税** **原产地证书** (申报与证书合一) 表格 E _____签发 (国家) 见背页说明		
2. 货物运至(收货人名称、地址、国家):			
3. 运输工具及路线(已知): 离港日期: 船舶名称/飞机等: 卸货口岸:	4. 官方使用 □根据中国—东盟自由贸易区优惠关税协议给予优惠待遇; □不给予优惠待遇(请注明原因) _____ 进口国有权签字人签字		
5. 项目编号	6. 包装唛头及编号	7. 包装件数及种类;货品名称(包括相应数量及进口国 HS 编码)	8. 原产地标准(见背页说明)	9. 毛重或其他数量及价格(FOB)	10. 发票编号及日期
11. 出口人声明 下列签字人声明上述资料及申报正确无讹,所有货物产自 _____ (国家) 且符合中国—东盟自由贸易区优惠关税协议所规定的原产地要求,该货物出口至 _____ (进口国) _____ 地点和日期,有权签字人的签字	12. 证明 根据所实施的监管,兹证明出口商所做申报正确无讹。 _____ 地点和日期,签字和发证机构印章		

国际贸易业务流程